O CIENTISTA E
O EXECUTIVO

Caro(a) leitor(a),
Queremos saber sua
opinião sobre nossos livros.
Após a leitura, siga-nos no
linkedin.com/company/
editora-gente,
no TikTok **@editoragente**
e no Instagram **@editoragente**,
e visite-nos no site
www.editoragente.com.br.
Cadastre-se e contribua com
sugestões, críticas ou elogios.

DIEGO BARRETO | SANDOR CAETANO

O CIENTISTA E O EXECUTIVO

COMO O IFOOD ALAVANCOU SEUS DADOS E USOU A INTELIGÊNCIA ARTIFICIAL PARA REVOLUCIONAR SEUS PROCESSOS, CRIAR VANTAGEM COMPETITIVA E SE TORNAR UM CASE MUNDIAL DE SUCESSO

Diretora
Rosely Boschini

Gerente Editorial Sênior
Rosângela de Araujo Pinheiro Barbosa

Editora Júnior
Rafaella Carrilho

Assistente Editorial
Fernanda Costa

Produção Gráfica
Fábio Esteves

Preparação
Gleice Couto

Capa
Caio Duarte Capri

Projeto Gráfico e Diagramação
Gisele Baptista de Oliveira

Revisão
Maria Beatriz Rosa

Impressão
Gráfica Assahi

Copyright © 2023 by Diego Barreto
e Sandor Caetano
Todos os direitos desta edição
são reservados à Editora Gente.
Rua Natingui, 379 – Vila Madalena
São Paulo, SP – CEP 05443-000
Telefone: (11) 3670-2500
Site: www.editoragente.com.br
E-mail: gente@editoragente.com.br

Dados Internacionais de Catalogação na Publicação (CIP)
Angélica Ilacqua CRB-8/7057

Barreto, Diego
    O cientista e o executivo: como o iFood alavancou seus dados
e usou a inteligência artificial para revolucionar seus processos, criar
vantagem competitiva e se tornar um case mundial de sucesso. /
Diego Barreto, Sandor Caetano. - São Paulo : Editora Gente, 2023.
    224 p.

ISBN 978-65-5544-394-3

1. Negócios 3. Administração I. Título II. Caetano, Sandor

23-4710   CDD 658.9

Índices para catálogo sistemático:
1. Negócios

nota da publisher

Em um mundo onde cada vez mais somos educados a partir de informações "resumidas", ter o privilégio de mergulhar profundamente em um dos maiores cases de solução tecnológica que já aconteceu em um negócio brasileiro é de um valor intangível.

Nesta obra, que abre as portas da inteligência do iFood para os leitores, o executivo Diego Barreto e o cientista de dados Sandor Caetano destrincham o cenário de aplicação da transformação tecnológica e da implementação da inteligência artificial como uma ferramenta para gerar resultados disruptivos, e não apenas como um elemento decorativo para o mercado, mas sem aplicação real.

Ao longo das páginas, os autores descrevem como desbravaram o terreno da inovação e da tecnologia para criar modelos que revolucionaram a indústria de entregas de alimentos. O livro é uma jornada cativante através dos desafios e triunfos que moldaram a trajetória do iFood, destacando a importância da colaboração entre diferentes mentes criativas: um cientista e um executivo.

Dividido em partes que marcaram os momentos mais importantes dessa trajetória, a narrativa navega desde a chegada dos autores no iFood, passa por uma grande crise vivida pela empresa em 2019, aborda como foi a transformação que até hoje resolve diversos conflitos e ensina como aplicar a inteligência artificial com eficácia em qualquer negócio.

O cientista e o executivo é mais do que apenas um relato, mas um testemunho inspirador da força da colaboração para líderes, empreendedores e entusiastas da tecnologia que buscam conquistar o futuro com inovação estratégica.

Rosely Boschini
CEO e Publisher da Editora Gente

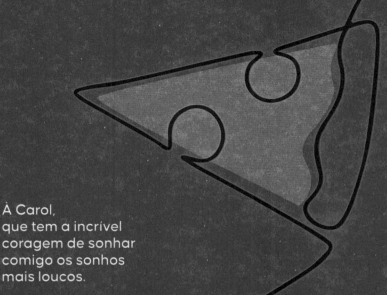

À Carol,
que tem a incrível
coragem de sonhar
comigo os sonhos
mais loucos.

Ao Fefê, à Oli
e ao Pedro,
que dão sentido
aos sonhos.

DIEGO

À Harley,
que me dá as
medidas da vida e
me faz entender o
mundo quando as
equações falham.

À Ariel e à Iris,
que fazem falhar
todas as equações.

SANDOR

agradec

Este livro não teria sido possível sem a liberalidade do iFood de permitir que compartilhássemos com o público experiências que vivemos no ambiente corporativo.

A crença que a jornada da empresa rumo à inteligência artificial pode servir de estímulo e inspiração para empreendedores Brasil afora nos estimulou a contar a história como aconteceu, expondo fragilidades que muitas vezes as organizações preferem omitir.

Agradecemos profundamente a Fabricio Bloisi, CEO e *later co-founder* do iFood,[1] não só por acolher nossa proposta como também por incentivar nossa ousadia. Sem sua visão de que inovar implica pautar-se pelo que não é usual e sem sua disposição de abrir espaço para as pessoas, este livro não poderia ter sido escrito.

---

1 Fabricio fundou a Movile e investiu no iFood após a fundação. O iFood nasceu em 2011 por iniciativa de cinco cofundadores a partir de outra empresa de entregas. Fabricio se juntou ao time mais tarde, em 2013, liderando uma rodada de investimentos de 5 milhões de reais. Naquela época, a empresa cabia em uma pequena sala, e ele se tornou presidente do conselho e seu principal sócio, definindo a cultura e a visão da nova companhia. Posteriormente, assumiu a presidência e fez fusões que trouxeram Carlos Moyses, do Restaurante Web, e Roberto Gandolfo, um dos *co-founders* do hellofood.

mentos

A colaboração dos profissionais que vivenciaram conosco a experiência da transformação também foi fundamental para tornar nosso projeto realidade. Alguns nos ajudaram a reconstruir o passado sem deixar de fora o essencial. Outros aparecem nas páginas a seguir falando sobre o trabalho realizado, o que nos permitiu dar ao leitor uma medida do desafio que o iFood enfrentou. A todos, nosso muito obrigado.

Para organizar a estrutura do livro, contamos com o olhar atento de Almir de Freitas, Denise Gianoglio e Silvana Cintra, que estiveram ao nosso lado na tarefa de conciliar as ideias e resgatar essa história.

Os profissionais que todos os dias aceitam o desafio do iFood de se reinventar para fazer da empresa uma referência, os consumidores, os entregadores, os restaurantes, os mercados e todos os outros parceiros do negócio também fazem parte desta jornada, que contamos movidos pela certeza de que a inteligência artificial pode revolucionar o mundo e criar uma realidade mais inclusiva e melhor para todos.

sumário

PREFÁCIO 12

INTRODUÇÃO 16

PARTE 1

IA contra uma fraude de 20 milhões de reais 21

capítulo 1 Sessenta Land Rovers em fila para o fundo
do rio Pinheiros 22

capítulo 2 O guarda-chuva, a regra do gim e muitas decisões 31

capítulo 3 A caixa preta e o tique-taque da transformação 37

PARTE 2

o economista e o advogado 49

capítulo 4 As primeiras lições do empreendedorismo 50

capítulo 5 Warren Buffet e uma inocente falsidade ideológica 57

capítulo 6 Um e outro cavalo de pau nas carreiras 64

capítulo 7 Abandonando a Velha Economia 73

capítulo 8 Um cientista de dados, enfim 79

capítulo 9 O Nubank e a Ingresso Rápido 83

PARTE 3

erros e acertos que mudaram tudo 93

capítulo 10   Visão, liderança e um grande investimento **94**

capítulo 11   A hora dos microsserviços e a vez dos BADHUs **102**

capítulo 12   Modelos na mão e o choque da disrupção **117**

capítulo 13   O sucesso do ETA **125**

capítulo 14   O Plano de 100 Dias **133**

capítulo 15   Mindset *shippador* **143**

capítulo 16   Pandemia e Dia dos Namorados macabro **147**

PARTE 4

o cientista e o executivo 155

capítulo 17   Otimizador logístico e Kairós **156**

capítulo 18   Alfred, Bruce e MLOPs **161**

capítulo 19   O polvo Cerebrão e os desafios de *analytics* **165**

capítulo 20   Trio de ataque no choque da evolução **173**

capítulo 21   *Finance*: sai o Excel, entra o P&L Automation **177**

capítulo 22   Crescimento diversificado,
Cachinhos Dourados e a lição de Esparta **185**

capítulo 23   A era da IA **193**

PARTE 5

dez pontos rumo à inteligência artificial 205

GLOSSÁRIO   218

prefá

> **"A inteligência é a habilidade de se adaptar à mudança."**
> STEPHEN HAWKING

Abro este livro convidando você para uma experiência: feche os olhos e imagine um dia em um mundo estranho e diferente. Ele seria assim: ao acordar, você leria as notícias do mês passado em uma revista, mas não leria sobre o trabalho na cama nem se informaria sobre seus grupos de amigos antes de se levantar. Saberia sobre o trabalho apenas ao chegar lá, saberia dos amigos apenas ao se encontrar com eles, a cada mês.

Antes de sair para trabalhar, você consultaria um livro enorme a fim de encontrar a rua para onde iria e se planejaria para chegar lá. Se fosse muito difícil, teria de pedir a um colega de trabalho que lhe desse instruções a cada movimento.

Ouvir música no carro: só aquele CD de cinco anos atrás. No trabalho, leria documentos impressos e os transportaria em discos portáteis. Ao chegar em casa, assistiria ao *Jornal Nacional* na TV para saber as notícias do dia dentro do próprio dia, sem precisar esperar o dia seguinte, mas teria de aguardar até às 9 da noite para assistir na TV ao filme estabelecido na programação – pena que não é um filme de que você goste.

Esse mundo estranho tem somente vinte anos. Assim era a nossa vida nos anos 2000. Não faz muito tempo. Nós humanos somos bons em olhar o mundo como funciona hoje e, com base nele, imaginar o próximo ano.

No entanto, não somos bons em olhar os últimos vinte, cem ou quinhentos anos – tampouco pensar nos próximos dez ou cem.

A maior parte das pessoas que têm idade para isso não lembra como era o mundo há vinte anos – e os que cresceram nesse espaço de tempo não imaginam como era o mundo sem a internet pelo celular, sem o smartphone, sem as redes sociais, sem o Google, sem a banda-larga, sem o computador pessoal – mudanças popularizadas (ou criadas) nesse período. Era um mundo completamente diferente. Se voltarmos um pouco mais no tempo, várias das tecnologias que fazem parte da nossa vida não existiam, como o GPS e a TV em cores. Se voltarmos um pouco mais, não existiam nem mesmo a eletricidade, o telefone, o avião ou o carro. Tudo mudou – e não há volta para aquele mundo estranho.

Mais estranho ainda seria visualizar o mundo vinte anos a frente. A inteligência artificial (IA) vai mudar tudo. Mudar como você trabalha, se relaciona com amigos e família, estuda, aprende, se diverte, como mantém sua saúde e muito mais.

Aprofundar-se sobre o assunto é o caminho para usar a revolução da inteligência artificial a fim de criar algo positivo para nós mesmos e para o Brasil. Mudanças sempre deixam as pessoas nervosas, porque mudar é difícil. Mas são as transformações que trazem oportunidades de melhorar, evoluir, aprender, reduzir desigualdades.

Houve grandes ciclos de mudanças tecnológicas nos últimos vinte anos. Cada um passou por uma fase de desconhecimento, excesso de otimismo, medo e crescimento até a tecnologia impactar nossa vida e acabar se tornando indispensável. Estamos começando agora o ciclo da inteligência artificial, cujo impacto será ainda maior que as demais tecnologias que listei acima.

O cientista e o executivo

Como diz Bill Gates, superestimamos o que podemos fazer em um ano, mas subestimamos o que podemos fazer em dez. Vale fazer um exercício para daqui a dez anos – mesmo sabendo que provavelmente estaremos subestimando o impacto real da inteligência artificial. Eis aqui alguns cenários possíveis nos quais eu acredito:

O conhecimento sobre saúde com excelência deixará de ser inacessível. Em qualquer cidade, mesmo em uma vila remota, teremos um enfermeiro assistido pelo melhor conhecimento médico disponível no mundo, reduzindo muito a diferença entre ser atendido em grandes centros e em pequenas cidades. A IA ajudará a personalizar tratamentos com base nas características genéticas e médicas únicas de cada paciente, permitindo a adaptação precisa de medicamentos e terapias para obter resultados mais eficazes, reduzindo o sofrimento de brasileiros e aumentando a qualidade e a expectativa de vida.

Muitos novos empregos que nem sequer existem hoje serão criados. Empregos que gerarão mais resultado com menos trabalho – pois, assim como a internet e o buscador mudaram o perfil do trabalho, a IA vai elevar a produtividade das pessoas para um novo patamar. Sua massificação tornará a tecnologia mais acessível e amigável para todos. As interações serão cada vez mais integradas à nossa rotina diária, simplificando tarefas, melhorando a eficiência e fornecendo serviços personalizados. Isso tudo gerará inclusão.

Claro, também existem riscos – e cabe a nós, brasileiros, pensar em como regular a nova tecnologia. O perigo não é a inteligência artificial em si, mas, sim, seu uso por criminosos. Nosso desafio é usar a própria IA para reduzir a oportunidade de alguém cometer crimes, além de punir os infratores sem permitir que se beneficiem das vantagens trazidas pela tecnologia.

Outro risco que não podemos ignorar é o impacto que a IA terá sobre o mercado de trabalho. Alguns empregos serão alterados ou deixarão de existir. De novo, vale lembrar dos empregos nas ferrovias, dos datilógrafos, dos ascensoristas e de tantos outros substituídos por novas indústrias que criaram mais e melhores ocupações. A questão é como garantir a qualidade desses empregos, para que a nova tecnologia seja uma oportunidade para a sociedade.

Haverá uma revolução na educação. Novos serviços usando inteligência artificial reduzirão a distância entre ricos e pobres, com estudantes tendo acesso a um tutor que sabe tudo sobre ele, que entende as dificuldades e explica tudo no ritmo de cada aluno. Em qualquer escola, seja em São Paulo ou no interior da Bahia, o mesmo tutor baseado em inteligência artificial estará disponível não só oferecendo acesso à informação, mas também educando, ao tirar dúvidas e propor desafios.

O impacto da IA no mercado de trabalho exigirá uma requalificação significativa da mão de obra no Brasil. À medida que tarefas rotineiras forem

Prefácio

automatizadas, haverá novas demandas por habilidades específicas. Os governos, instituições educacionais e empresas precisarão trabalhar em conjunto para garantir que os trabalhadores estejam preparados para as mudanças. Será essencial oferecer treinamento em habilidades digitais para que eles possam entender e interagir com as tecnologias de IA.

Nesse contexto, as habilidades cognitivas como resolução de problemas complexos, pensamento crítico e criatividade se tornarão ainda mais valiosas. Os programas de requalificação devem enfatizar o desenvolvimento dessas habilidades. Programas de aprendizado contínuo e de atualização serão cruciais para acompanhar as mudanças tecnológicas. Setores de automação em grande escala, como a manufatura, precisarão de programas específicos para requalificar trabalhadores que talvez tenham suas tarefas substituídas por máquinas. Muitos trabalhadores precisarão mudar de setor devido à automação. Assim, programas de apoio à transição de carreira, como aconselhamento profissional e assistência financeira, serão necessários. Não menos importante: será preciso fomentar a educação STEM (Ciência, Tecnologia, Engenharia e Matemática) desde a infância..

Com tantos desafios e tantas oportunidades, não podemos perder a oportunidade de conversar cada vez mais sobre inteligência artificial. A IA tem o potencial de revolucionar o Brasil. Ela pode nos ajudar a resolver alguns dos nossos maiores desafios, como a desigualdade, a pobreza e a defasagem na educação. Ela também pode nos ajudar a criar empregos e a aumentar nossa produtividade, gerando riqueza para ser distribuída.

É por isso que este livro é tão importante. Ele narra os desafios, os caminhos e as consequências da dedicação a adaptar-se ao mundo da IA, do ponto de vista de uma empresa brasileira.. Eu acredito que estudar mais sobre o tema é o caminho para sair da inércia e começar a construir um futuro melhor usando IA. Nada melhor do que aprender com empresas e pessoas que já pensam assim aqui no Brasil.

Espero que você leia este livro, comece a sonhar, planeje e execute um futuro com muito mais oportunidades. Que você aprenda com o passado o quanto a inovação pode mudar o futuro – e que juntos possamos criar um mundo melhor para todos.

Fabricio Bloisi é baiano, empreendedor, fundador da Movile e Presidente do iFood. Apaixonado por inovação, educação, peregrinações, voar e por sua família, é formado em Ciência da Computação pela UNICAMP, é mestre em Administração pela FGV e fez OPM (*Owners and President Management Program*) na Universidade de Harvard e EPGC (*Executive Program for Growing Companies*) na Universidade de Stanford. Usou o PlusOne – inteligência artificial utilizada no iFood – e o Google Bard para auxiliar a escrita e revisar alguns parágrafos deste prefácio.

introd

Em 2018, Fabricio Bloisi, fundador da Movile e *late co-founder* do iFood, acompanhado por executivos da Prosus,[2] um dos ícones da internet no mundo, embarcou em uma viagem para o Vale do Silício, nos Estados Unidos, para um *deep dive*[3] de uma semana em inteligência artificial. O grupo visitou a Singularity University e a Universidade de Stanford, além de empresas que estavam produzindo chips para treinamento de IA. Em seguida, com executivos do iFood, Fabricio fez outra imersão, dessa vez na China, que à época estava na vanguarda das inovações em IA, de maneira agressiva, forte e veloz. Embora não seja tão simples isolar o momento em que o iFood resolveu apostar suas fichas em IA para revolucionar os processos internos, essas viagens ecoaram fundo. Foi depois delas que Fabricio vislumbrou o potencial dessa tecnologia no futuro dos negócios e iniciou a evolução tecnológica que se tornou decisiva na empresa entre 2019 e 2023, período central na narrativa deste livro.

É essa a história que, em boa parte, quisemos contar nas páginas seguintes. O fato é que, em 2019, o iFood já tinha desenhado a sua visão de futuro, e ela implicava criar vantagem competitiva via inovação e tecnologia. A empresa também dispunha dos recursos financeiros necessários para promover um "cavalo de pau" na infraestrutura, na governança e no uso de dados. É uma jornada que, neste livro, se cruza com as nossas trajetórias

2 Chamada Naspers à época.

3 Confira o significado dos termos destacados no glossário da página 218.

ução

pessoais e profissionais, em meio à explosão de criatividade e inovação que vem caracterizando os negócios detentores de tecnologia proprietária – isto é, aqueles que desenvolvem soluções técnicas internamente em busca de mais eficiência e velocidade. E tudo isso no momento em que o potencial da IA em várias habilidades disparava em comparação com o desempenho humano, particularmente na compreensão da linguagem.

Nós somos dois dos personagens dessa narrativa – cada um com um percurso próprio, por isso cabe aqui uma palavrinha individual:

> Minha intenção de escrever sobre IA remonta a julho de 2018, quando eu, Sandor, então no Nubank, fiz uma apresentação na QCon chamada "Data Science em uma instituição financeira moderna". Foi um momento que mudou minha carreira por razões que não sei explicar muito bem. O que posso dizer é que eu nunca tinha visto tantas pessoas interessadas em um assunto que, naquela época, não estava sob os holofotes como hoje. Foi ali que, embora eu ainda experimentasse certa timidez em falar em público, nasceu a necessidade de comunicar as conquistas que vínhamos tendo em IA. Tinha muita gente querendo aprender, e isso me despertou.
>
> Um ano depois, eu estava no iFood, onde permaneci até agosto de 2023, primeiro como Chief Data Scientist e, posteriormente, como Vice-Presidente de Data & IA. Segui participando de eventos técnicos para compartilhar meu conhecimento sobre o tema e percebi que as perguntas se repetiam. Na minha cabeça, um livro era a

O cientista e o executivo

oportunidade de criar uma espécie de método, algo que eu pudesse usar para transmitir o que sabia sobre o assunto para um público maior. Mas eu tinha muitas dúvidas sobre como fazer isso, principalmente como conciliar esse projeto com as várias tarefas do dia a dia. Foi assim que, naquele segundo semestre de 2021, durante o planejamento estratégico do iFood, quando ocorrem muitas apresentações de convidados do exterior, eu vi o Vice-Presidente de Finanças e Estratégia subir ao palco e brincar com o fato de a empresa trazer nomes de fora para falar quando tinha ele, já então um "renomado autor". Era brincadeira, mas não exagero: fazia poucos meses, Diego havia publicado *Nova Economia: entenda por que o perfil empreendedor está engolindo o empresário tradicional brasileiro,*[4] que vinha fazendo bastante sucesso – tornou-se *best-seller*, chegou à quarta edição e foi traduzido para o inglês, fato pouco comum no mercado editorial brasileiro. Naturalmente, fui falar com ele para conhecer o caminho das pedras. Diego me deu várias dicas. Minha ideia era fazer um livro técnico, mas esse encontro acabou mudando tudo, no que foi o primeiro *plot twist* desta história – uma reviravolta que evitou que eu escrevesse um livro tão técnico que nem minha mãe leria.

Depois que Sandor e eu, Diego, começamos a conversar sobre o livro, tive um insight. Em uma mensagem de WhatsApp, fui ao ponto: "Se você decidir escrever o livro e não focar 100% em IA, considerando tocar em estratégia e gestão, avalie se vale a pena ter um parceiro. Se sim, eu consideraria caminhar contigo nessa". A resposta: "Seria animal fazer uma parceria com você e escrever algo que ajudasse o brasileiro a navegar nesse mundo de estratégia e gestão com dados e IA".

E foi assim que o livro mais técnico, pensado inicialmente, começou a tomar forma e revelar a jornada de evolução do iFood. Ampliando o escopo, decidimos contar também as nossas jornadas, representantes de uma geração que cresceu já em um mundo conectado pela internet, mas ainda preso a valores do passado – como era o caso, por exemplo, do imaginário que pinçamos para escolher nossas profissões, superadas anos depois pela realidade das transformações do Brasil, com a ascensão das empresas de tecnologia em uma realidade que se tornava hiperconectada.

E nesse fluxo narrativo embarcamos. Sandor fazendo as vezes do "cientista", personagem central no processo de implementação de

---

4 BARRETO, D. **Nova Economia**: entenda por que o perfil empreendedor está engolindo o empresário tradicional brasileiro. São Paulo: Gente, 2021.

Introdução

modelos que tornaram o iFood uma das empresas mais bem aparelhadas em IA da América Latina; e eu, Diego, "o executivo", sem o mesmo protagonismo, representando todos os demais executivos e executivas nesse processo de evolução. Eu sou mais um: havia, como a narrativa deixará claro, todos os outros executivos do iFood para interpretar esse papel. Um papel que teve muito a ver com o de um tradutor, comunicador e inspirador, de alguém que trabalhou para que as referências científicas dialogassem com o dia a dia dos negócios.

Como dissemos, a narrativa central se concentra em um período muito específico de tempo na história de evolução do iFood. O que não significa, claro, menos méritos aos profissionais que ajudaram a construir a empresa até 2019 – um contingente imenso de pessoas que não seria possível acomodar nestas páginas e que foram fundamentais para o iFood chegar ao ponto em que chegou no período que retratamos, em uma história que merece um livro à parte.

Nesta narrativa, usamos, em grande parte, a terceira pessoa do singular. Pode parecer estranho nos referirmos a nós mesmos dessa maneira, mas existe uma razão para isso. Autor de vários livros sobre negócios que se tornaram referência no assunto, Daniel Pink[5] escreve que o "ileísmo" (que é justamente isso, falar de si em terceira pessoa) é uma manobra retórica importante, porque nos permite manter um distanciamento dos fatos narrados – e, portanto, nos obriga a ter mais clareza e objetividade. Nós nos concentramos menos em relatar nossas experiências subjetivas e mais em reconstruí-las de maneira a fornecer insights. Quando se mostrou necessário, em nome dessa mesma clareza, alternamos para o depoimento em primeira pessoa. Nos dois casos, decidimos fazer uma imersão completa no ambiente inovador do iFood, por isso optamos em utilizar os termos empregados em nosso dia a dia, mesmo que isso torne a leitura um pouco mais complexa aos leitores menos familiarizados com a linguagem usada nas empresas de tecnologia. Para esses, oferecemos um glossário como apoio.

Do ponto de vista estrutural, dividimos o livro em cinco partes. A Parte 1, nosso cartão de visitas, mostra como, usando a IA, superamos uma grande crise em 2019, quando explodiram as fraudes na plataforma; a Parte 2 volta no tempo, para as nossas origens, nossos anseios de juventude – um, da Mooca, em São Paulo, sonhando em ser operador de mesa no mercado financeiro; e o outro, de Uberaba, cidade de Minas Gerais, com o projeto de ser um homem de negócios a partir do Direito.

---

5 PINK, D. H. **O poder de se arrepender**: como avaliar o passado para seguir adiante. Rio de Janeiro: Objetiva, 2022.

O cientista e o executivo

A Parte 3 já nos encontra no iFood, a partir de 2019, quando começa o processo em si de evolução da empresa em direção à inteligência artificial. Estão lá movimentos importantes, como o papel do líder inspirador, visionário e crível que Fabricio exerceu, as duas operações de *acqui-hiring* em uma época na qual a mão de obra em IA era rara; as experiências ousadas, como o *Deep Food Network*; e o caminho para contornar a crise das fraudes com o Plano de 100 Dias. Sucessos como o ETA (*Estimated Time Arrival*), que calcula o tempo de entrega da comida, contrastam com obstáculos e falhas, como o fiasco dos sistemas no Dia dos Namorados do primeiro ano da pandemia de Covid-19.

Sim, muitas coisas deram errado no caminho – e existe uma lição nesse quesito. O fundamental, na cultura do iFood, é seguir em frente, rápido, em vez de adotar uma atitude perfeccionista. É fundamental colocar a roda para girar, testar, aprender e corrigir as falhas conforme aparecem. A gente trabalha desse jeito, mas é preciso resiliência, porque muitas coisas dão errado. Depois dão errado de novo, e de novo – e tudo bem, até que dão certo em algum momento. No final, terminamos com um *brilliant basics* feito, uma plataforma tecnológica poderosa e algoritmos de IA proprietários, tudo isso com restaurantes e mercados faturando mais, entregadores tendo mais renda e consumidores ganhando comodidade em suas vidas.

A Parte 4 é o momento em que a implementação de uma plataforma de dados capaz de prover IA para toda a empresa muda o jogo. Ao mesmo tempo, completa-se uma espécie de letramento técnico de todos os *food-lovers* (como são chamados os colaboradores do iFood) com a certificação criada internamente, chamada BADHU (*Business Analyst Data Heavy User*), possibilitando a comunicação de todos os times com os de tecnologia. Em seguida, mostramos o ingresso do iFood na era da IA generativa, com a adoção do PlusOne internamente e, para o público externo, funcionalidades como a linguagem natural na plataforma, criando uma nova experiência de pedir comida. Na Parte 5, apontamos dez princípios que nos nortearam durante esta construção e que toda empresa precisa ter em direção à implementação da IA.

Esta é a história que queríamos que chegasse ao maior número de pessoas possível. Gostaríamos que servisse de referência para quem deseja ingressar na era da inteligência artificial. O público mais natural deste livro talvez seja aquele que vai operar IA na empresa – aquele que, debruçado sobre os dados, vai promover o tsunâmi tecnológico para colocar o seu negócio em novo patamar. Mas também se direciona aos que querem entender o processo e os conceitos fundamentais envolvidos nele – aqueles que, em breve, estarão liderando uma evolução semelhante e podem tirar alguma lição do nosso percurso.

parte 1

IA contra uma fraude de 20 milhões de reais

capítulo 1

Sessenta Land Rovers em fila para o fundo do rio Pinheiros

Nuvens escuras moviam-se sobre o horizonte recortado da cidade, enquanto os carros faziam fila para tentar avançar nas muitas pistas da marginal Pinheiros. Tudo parado, uma teia de linhas vermelhas no Waze. Dados coletados de todos os smartphones da área davam nisso, três quilômetros por hora de projeção. De onde estava, embarcado em um 99, Diego podia dizer com segurança que sua velocidade era zero. Nessas circunstâncias, era uma margem de erro aceitável.

Era novembro de 2019. Fazia semanas que aquela antiga imagem tinha voltado a martelar a sua cabeça: um comboio de Land Rovers, branquinhos e limpinhos, atravessando as pistas vazias da marginal em direção ao rio, onde afundavam, um a um. Esse era o tamanho do prejuízo no iFood com os fraudadores, 20 milhões de reais – uns sessenta carros de luxo submersos na sujeira e na lama. Todo mês. E isso era apenas parte do prejuízo. Toda vez que uma fraude era identificada, o banco não só fazia o estorno da compra, mas também cancelava o cartão do consumidor e enviava um novo.

Sessenta Land Rovers em fila para o fundo do rio Pinheiros

Ou seja, a empresa estava compartilhando seu problema com os clientes – o que era bem pior.

Verdade que tudo isso, em grande parte, acontecia porque o iFood havia crescido muito rápido – como deveria ser, claro. E o crescimento tinha essas dores. Mas as perspectivas vinham melhorando com a evolução dos modelos antifraude de inteligência artificial, cuja nova versão Sandor apresentaria na reunião daquele dia. A pressão era grande. O que estava acontecendo e o que iria melhorar? Era hora de o iFood acelerar para se tornar uma verdadeira empresa de inteligência artificial, com todos os processos automatizados incorporados ao coração do negócio. De todas as coisas que Diego insistia em falar nas aulas que ministrava, em paralelo ao trabalho como executivo, sobre Nova Economia, essa era uma das mais básicas.

> **Inteligência artificial** é o campo da ciência da computação que estuda como criar máquinas e sistemas capazes de realizar tarefas que normalmente exigem inteligência humana, como reconhecimento de voz, visão computacional, tomada de decisão e aprendizado de máquina.
>
> **Modelo** é um conjunto de parâmetros e funções que representam uma aproximação de algum fenômeno ou processo. Um modelo pode ser treinado com dados para aprender a fazer previsões ou classificações.

> **A inteligência artificial dá escala e agilidade aos negócios. Os antigos processos físicos são lentos demais. A coordenação de toda a cadeia permite ganhar tempo e aplicá-lo no que realmente interessa, descobrir como prestar o melhor serviço, explorando tudo o que a sociedade conectada tem a oferecer.**

Ponto que quase sempre era seguido por seu otimismo fundamentado no uso de ferramentas digitais que estão à disposição de todos.

> **O ganho com a tecnologia proprietária acaba transformando todos os atributos do negócio. É fundamental não ficar parado.**

Mas, naquele instante, Diego tentava ver quanto tempo ainda ficaria preso no trânsito. Todo mundo gostava de ouvir a história de que Mark Zuckerberg cultivava o lema "mova-se rápido e quebre as coisas", quando o Facebook era aquela festa. Anos mais tarde, reformulou: "Mova-se rápido com uma infraestrutura estável".[6] Do ponto de vista do impacto, a primeira frase era melhor, mas a segunda era bem mais realista e responsável.

---

6 GUGELMIN, F. Facebook muda seu lema oficial para priorizar a estabilidade. **Tecmundo**, 30 abr. 2014. Disponível em: https://www.tecmundo.com.br/facebook/54138-facebook-muda-seu-lema-oficial-para-priorizar-a-estabilidade.htm. Acesso em: 10 ago. 2023.

O cientista e o executivo

Tudo tinha mudado muito desde aqueles primeiros tempos. Tudo mudava rápido, e Diego sentia zero saudades da experiência na Velha Economia.

Os carros finalmente ganhavam um pouco mais de velocidade, e o sol dava indícios de que ia aparecer. Então, era isto: bastava tentar adivinhar, ou quase, a diferença entre uma pessoa atrás de um almoço honesto e uma quadrilha que arrasta prejuízos em série para toda a cadeia, dos entregadores e consumidores aos restaurantes.

Já estava evidente a necessidade de preparar o terreno para as mudanças. O investimento era alto, mas a parede a escalar logo à frente ficaria menos íngreme. O objetivo era transformar o iFood, dizia Diego aos estudantes, em uma empresa que baseia em dados a construção de hipóteses, a tomada de decisão e a automação. O foco, explicava, eram as informações caracterizadas pelo alto volume, velocidade e variedade, que requerem tecnologias e métodos analíticos específicos para a sua transformação em valor. E continuava:

Uma das abordagens comuns é o uso de algoritmos para criar regras a partir da análise de dados, em vez de você criar as regras. Os algoritmos de IA podem ser alimentados com grandes volumes de dados e, em seguida, aplicar técnicas de aprendizado de máquina para extrair informações úteis desses dados. Após o treinamento, o algoritmo de IA é capaz de aplicar as regras aprendidas a novos conjuntos de dados, para fazer previsões, classificações ou tomar decisões com base nas informações presentes nesses dados. Por exemplo, um algoritmo de IA treinado para reconhecimento de fala pode analisar um áudio de entrada e transcrever o que foi dito com base no conhecimento adquirido durante o treinamento.

Ou seja, não tinha a ver com adivinhação. Ou intuição. Ou experiências esparsas. Era, em poucas palavras, a aplicação do método científico em um contexto bem diferente da academia.

Experiências todos têm, mas as melhores são aquelas que marcam pelo aprendizado. A primeira vez que a imagem dos Land Rovers afogados surgiu na cabeça de Diego foi nos tempos em que trabalhava na Ingresso Rápido, um dos investimentos do grupo Movile, que também inclui o iFood. Já tinha contado essa história toda em uma palestra, não fazia muito tempo.

Lá pelo fim de 2016, eu tinha uma carreira no mundo físico, que falava muito pouco com a tecnologia, em especial a tecnologia proprietária. A digitalização se resumia aos sistemas de terceiros que você usava no dia a dia. Como tudo era físico, tudo era mais lento. Uma das minhas primeiras experiências no digital foi enfrentar os golpistas na Ingresso Rápido. E, principalmente, tentar não negar uma compra a um bom pagador. Imagine o camarada que quer comprar um ingresso para o show do Aerosmith e tem a compra negada por uma falha do marketplace de venda. No caso, nós. Uma das minhas responsabilidades era a área de fraudes. Ali, os maiores riscos estavam nas transações on-line. Por exemplo: a pessoa fazia uma compra com o cartão de crédito roubado, recebia e revendia o ingresso. Por mais que depois eu visse o roubo e cancelasse aquela transação, o fraudador já tinha obtido sucesso, e o prejuízo era irreversível. E, nesse momento, a solução que se apresentava na Ingresso Rápido era terceirizada. Eu, vindo do mundo off-line, ignorava a complexidade do problema, e é a ignorância que faz você olhar para as soluções de mercado. Que são muito simplórias. São as soluções baseadas em uma "média", ou seja, criadas a partir de regras que, "na média", fazem com que o resultado da filtragem de fraudes seja razoável.

Quando você evolui e descobre que trabalhar de modo específico para o seu negócio, dentro de casa, torna tudo mais eficiente, naturalmente começa a considerar sair do mundo terceirizado e vir para o proprietário. O que significa construir soluções ou organizar as já existentes visando às suas demandas. Foi esse o movimento que fizemos. Trouxemos pessoas, criamos o nosso modelo, testamos. E passamos a ter dentro de casa um motor que controlava se uma transação deveria ser aprovada ou não. Então, em vez de recorrer a um terceiro – que, baseado em uma "média", dizia sim ou não, pode ou não concluir essa transação –, o problema da fraude passou a ser nossa responsabilidade, internamente.

Acontece que todas as vezes que você internaliza algo que envolve risco, tende a adotar uma atitude mais conservadora. Por quê? Porque o prejuízo é muito grande em um modelo como o da Ingresso Rápido – que é bastante parecido com o do iFood: existe um produtor de evento ou um restaurante que faz a venda do ingresso ou da comida. Digamos que esse ingresso ou essa comida custe 100 reais e a Ingresso Rápido ou o iFood receba um percentual por ter encontrado o cliente – por exemplo, 10%. Dos 100 reais, então, ficamos com 10 reais.

Quando acontecia uma fraude, o ingresso roubado gerava uma perda para o produtor do evento. A cadeira, vendida para um

O cientista e o executivo

fraudador, deixava de ficar disponível na plataforma. Mas, até percebermos, o evento já havia passado, e o que restava eram os 100 reais a menos. Nesse cenário, nós tínhamos de reembolsar o valor, assim como o iFood reembolsa o restaurante. Mandamos preparar uma comida, entregar, e depois aparece uma pessoa dizendo "Opa! Eu não fiz esse pedido que passou no meu cartão". Mas a comida foi preparada. É preciso pagar por ela. Funciona assim na Ingresso Rápido, no iFood e em vários outros marketplaces. Usando esse exemplo, para cada fraude, o negócio perde os 10 reais que receberia em custo de oportunidade pela cadeira vazia, mais os 100 reais de reembolso. O que significa que vai ser preciso fazer 11 outras boas vendas para compensar o prejuízo.

É muito dinheiro! E a tendência natural é adotar um comportamento extremamente conservador no início, aumentando a rigidez das regras de triagem, o que acaba restringindo a carteira apenas a perfis mais propensos a serem considerados não fraudadores. Em seguida, entra outro movimento, porque a empresa passa a confiar mais no modelo, a fazer testes e, aos poucos, vai abrindo as regras para poder aumentar as vendas. Quando o modelo é muito rígido, gera o famoso falso positivo, ou seja, bloqueia alguém que não é fraudador e, com isso, perde um bom cliente.

Nem tudo é o que parece

O mais legal é que os estatísticos, em sua sabedoria, já chamavam isso de "matriz de confusão" – o que, no caso das fraudes, é uma grande confusão mesmo! A expressão se refere a uma maneira de mostrar o desempenho de um sistema que tenta classificar algo em duas categorias, por exemplo, se uma transação é fraudulenta ou não. Ela tem quatro partes:

- **Verdadeiro positivo:** quando o sistema acerta que a transação é fraudulenta.
- **Falso positivo:** quando o sistema erra e diz que a transação é fraudulenta, mas na verdade não é.
- **Verdadeiro negativo:** quando o sistema acerta que a transação não é fraudulenta.
- **Falso negativo:** quando o sistema erra e diz que a transação não é fraudulenta, mas na verdade é.

Sessenta Land Rovers em fila para o fundo do rio Pinheiros

A matriz de confusão ajuda a avaliar se o sistema está funcionando bem e também a identificar onde ele precisa melhorar. Por exemplo, se há muitos falsos positivos, isso significa que o sistema está sendo muito rigoroso e bloqueando transações legítimas; se há muitos falsos negativos, significa que o sistema está sendo muito relaxado e deixando passar transações fraudulentas.

Vamos imaginar a Ingresso Rápido com milhares de vendas. Na hora em que cada uma é feita, o modelo faz uma previsão: "0", se ele acha que não é uma fraude, ou "1", se ele acha que é uma fraude – representados na horizontal na figura a seguir. (Mais adiante, vamos falar sobre previsões, julgamentos e decisões, mas por ora vamos assumir que é o modelo quem decide isso.)

Algum tempo depois, vão começar a chegar as notificações dos clientes que foram fraudados e vamos popular a matriz na vertical com "0", se não houve notificação, ou "1", se foi de fato uma fraude. Com isso conseguimos calcular nossas métricas.

	Previsto 0	Previsto 1
Real 0	Verdadeiro Negativo	Falso Positivo
Real 1	Falso Negativo	Verdadeiro Positivo

O grande problema é o que os estatísticos, novamente em sua infinita sabedoria, chamam de censura: se um pedido foi bloqueado, nunca saberemos se ele será ou não uma fraude, por isso ele foi "censurado", o que faz de todo o processo de antifraude uma luta de gato e rato, necessitando de uma abordagem bem disciplinada, como conta Diego.

> Foi o que aconteceu na Ingresso Rápido. Fomos ajustando aos poucos o modelo para ganhar eficiência. Até surgir outro ponto importante: a pressão do cliente. Quanto mais conservador o modelo, maior a pressão, uma vez que pessoas idôneas barradas no antifraude são potenciais compradores jogados no lixo. O produtor alegava perder vendas por causa do sistema; e o consumidor, barrado injustamente, tinha uma péssima experiência de compra.
> Chegamos então a 2017, quando aconteceu o maior e mais importante festival de rock do ano, com a estreia do The Who no Brasil e nomes como Guns N' Roses, Aerosmith, Bon Jovi, entre outros. Todo mundo voltado para esse evento. Havia uma pressão muito grande.

O cientista e o executivo

Isso, somado ao bom desempenho que a Ingresso Rápido vinha tendo até então, nos fez trabalhar com regras mais flexíveis.

A complexidade desse problema ganhou força porque trocamos o sistema de bilhetagem da Ingresso Rápido, que era o ambiente em que os clientes colocavam todos os seus eventos para que os consumidores pudessem escolher. O sistema armazenava, organizava e processava tudo referente à compra e à venda de ingressos. Mas essa troca nos deixou expostos aos golpistas. Veio então um grande aprendizado no mundo das fraudes de pagamentos on-line: você só descobre o impacto do golpe semanas depois. Via de regra, não dá para pegar o problema na origem.

Murilo Mascaro, Gerente Financeiro e de Riscos à época, trocou mensagens alarmadas comigo. "Estou preocupado com as fraudes, estamos virando Bileto, e TI está dando zero atenção para nós", escreveu. Bileto era a nova plataforma da Ingresso Rápido. "Várias travas que tínhamos no legado não estão sendo implementadas no Bileto", ele acrescentava. Os números diziam que era, sim, caso de preocupação. Em abril daquele ano, tinham sido 320 casos de fraudes; em junho, haviam saltado para 1195. Esse mesmo número se repetiria em agosto, só que apenas na primeira quinzena...

A fraude só aparece quando explode. E é certo que os dois ou três meses seguintes ao momento de descoberta serão piores que o primeiro. Sempre tem um efeito de *backlog*, muita coisa ainda vai surgir. O fraudador, quando encontra uma janela, acelera a 100 por hora, porque vê ali uma oportunidade muito grande de fazer dinheiro rápido. Foi assim que aconteceu. Começamos a receber o chamado chargeback, ou seja, a contestação da compra, e as notificações de cancelamento. A Ingresso Rápido tinha de arcar com todo o prejuízo.

> **Backlog** refere-se a um acúmulo de pedidos, trabalhos ou problemas em um determinado intervalo de tempo. Nesse caso, seria uma "pilha de fraudes" em espera.

Para esse momento, os estatísticos possuem outro termo interessante: "variável de confusão" (que vem de *confounding variable*, nada a ver com a matriz de confusão mencionada nas páginas anteriores). Uma variável de confusão é algo que influencia tanto a causa como o efeito de uma situação, mas não faz parte da relação direta entre eles.

> **Variável** é o conjunto de dados usado para estudar um grupo de coisas ou pessoas. Por exemplo, se quero saber se um pedido é ou não fraudulento, posso usar uma variável chamada "número de pedidos anteriores" e contar quantas fraudes tivemos de clientes que tem 0, 1, 2, ..., 10 pedidos anteriores.

Sessenta Land Rovers em fila para o fundo do rio Pinheiros

- O grande show vai causar um alvoroço enorme, e o volume de acessos ao site vai aumentar demais. A quantidade de vendas vai aumentar também.
- Pode ser que a atividade dos criminosos também aumente.

Com todos os números do site subindo ao mesmo tempo, não era possível diferenciar se tinha havido um aumento nas fraudes em meio a um aumento brutal da demanda.

A crise é avassaladora. Não permite que você durma, porque a quantidade de dados, de hipóteses, o valor financeiro, tudo é tão grande, que simplesmente impede qualquer um de respirar. O fato de falar "amanhã eu volto" significa ficar com o sistema aberto por oito horas. Impossível. A partir do momento em que a crise surge, começa um intenso processo de *discovery* sem freio. Na Ingresso Rápido, a bomba explodiu em uma sexta-feira. Vale frisar a importância de ter um time talentoso, com olhar empreendedor e autonomia, que efetivamente mergulha quando é necessário resolver algo importante. Não era uma situação em que dava para simplesmente "meter a mão" e rapidamente criar a saída.

O responsável pela área se afundou em planilhas, e todos nós ficamos em volta, levantando hipóteses para achar a origem do problema, cada um com uma sugestão diferente de recorte, o que deixava aquele profissional completamente tenso. Até então, ele era a pessoa mais tranquila do time. A cena me levou a pensar: qual o espaço que devemos dar para que o especialista possa trabalhar? A questão era que não tínhamos tempo. Passamos quatro dias debruçados em tabelas, dormindo pouco, tentando encontrar a raiz do problema para arrumar a casa. Feito isso, veio o pior: sentar e esperar os efeitos em números simplesmente monstruosos que chegavam sem parar nos dias seguintes.

Normalmente, a empresa acompanha sua perda diária ao longo do tempo em um gráfico. Costuma se dar em um nível razoável, sobe um pouquinho, desce outro, mas nos dias seguintes à descoberta da fraude, a perda cresce muito, e mais, e mais, chegando a patamares absurdos. Depois, ela estabiliza em um platô alto. Você vê o dinheiro indo embora, o caixa escoando, e não sabe quanto tempo aquilo vai durar. A paranoia sobre o possível impacto é grande. No caso da Ingresso Rápido, a empresa perdeu cerca de 10 milhões de reais em quatro meses, em um ano em que faturou cerca de 50 milhões de reais.

O cientista e o executivo

Era mais ou menos isso que Diego costumava contar sobre o seu início no mundo digital, já lidando de cara com a fraude. O prejuízo dava para afogar muitos Land Rovers no rio. Às vezes, ele sonhava que estava se afogando em planilhas de Excel e volta e meia sentia nas têmporas a pressão de um pisca-pisca, um luminoso em letras vermelhas formando a palavra **CHARGEBACK**, como se fosse o alerta de um caminhão quebrado na pista central da marginal Pinheiros.

capítulo 2

O guarda- -chuva, a regra do gim e muitas decisões

Devia haver mais de um milhão de carros circulando naquela hora pelas ruas da cidade, a imensa maioria compartilhando com o aplicativo onde, quando e quanto estava tentando rodar. Sem segredo: o GPS do smartphone manda a informação para o satélite, este repassa para o servidor, que manda de volta para o smartphone, calculados aí o trajeto mais livre e o tempo restante com certa acuidade, ou com a acuidade possível devido ao delay da informação. A variação do erro só acaba sendo percebida, na maioria das vezes, pelo motorista que já embarcou de mau humor, ou porque o time foi goleado na Série B, ou porque ele não conseguiu os resultados no trabalho. Mas São Paulo tem seus mistérios: todo mundo parado no trânsito, e Sandor, saindo da Mooca, conseguiu atravessar a cidade até que bem rápido para um dia chuvoso.

Foi bom ter chegado cedo, assim daria tempo de fazer a última revisão da apresentação sobre a nova versão do sistema criado para botar ordem de vez na bagunça das fraudes – o modelo que estava

O cientista e o executivo

transformando o iFood em uma empresa de tecnologia. Essa era a viagem mais legal. O robô estava lindo, testado, não tinha erro, ia funcionar bem. O mais difícil, às vezes, era as pessoas assimilarem que o tal robô de ficção científica, que fazia tudo sozinho, não existia. Sandor achava graça na filha mais velha, Ariel, 5 anos, que pensava que o robô do iFood preparava a comida, e quem mandava no robô era nada menos que ele, seu pai. Logo ela iria entender que o iFood faz a entrega. A parte de o robô obedecer, bem, aí ele não sabia.

A questão é que robôs não resolvem tudo, pelo menos por enquanto. O sistema pode perfeitamente responder mal se os gestores não souberem exatamente qual é a necessidade naquele momento e a estratégia do negócio. Essa é a verdadeira transformação. E claro que Sandor tinha incluído na apresentação a sua analogia favorita:

> Imagine que eu tenho de resolver se devo ou não levar um guarda-chuva ao sair de casa. O que vou fazer é olhar para o céu e, intuitivamente, avaliar se vale a pena carregá-lo. Posso usar o computador para me ajudar nessa decisão. Bato fotos do céu em vários dias seguidos e anoto: choveu, não choveu; choveu, não choveu. Com isso, treino a máquina, que fará um montão de simulações até afirmar com segurança: hoje, a probabilidade de chuva é de 25%. Isso não serve para nada. Absolutamente nada. Se a decisão for minha, eu digo: "dane-se, odeio carregar guarda-chuva, não tenho onde colocá-lo, vou arriscar". Mas, se o tomador de decisão for a minha mãe, e a máquina calcular 3% de chance, eu andarei com o maldito guarda-chuva sob o braço porque ela não aceita um único pingo em minha cabeça. A tomada de decisão é fundamental. O vetor de probabilidades não resolve se você não souber o que fazer com ele. O motor calcula que a chance de fraude é de 3%, mas a decisão de seguir em frente ou não vai depender do apetite a risco do tomador de decisão, de como a empresa quer se posicionar. E, nos próximos dez, vinte anos, essas escolhas ainda caberão a nós. É um casamento entre a *expertise* e a escolha humana.

Ele tinha lido esse exemplo no livro *Máquinas preditivas*.[7] Era perfeito. No iFood, havia dias em que 3% era muito, em outros, era nada. Aí estava o

---

7 AGRAWAL, A.; GANS, J.; GOLDFARB, A. **Máquinas preditivas**: a simples economia da inteligência artificial. Rio de Janeiro: Alta Books, 2018.

problema e a beleza do trabalho. O emprego de inteligência artificial conseguia garantir a intuição instruída, mas quanto de risco deveria ser ou não encarado era uma escolha da pessoa tomadora de decisão. E uma boa decisão implicava mudar a cultura da empresa no uso dos dados. Quando isso não acontecia, era duro. Empresas com metas muito agressivas têm esse problema. O time de Marketing precisa aumentar o *market share*; o financeiro, o lucro. Um quer segurar os preços para ampliar a base de clientes, o outro quer aumentá-los para apresentar bom resultado financeiro no fim do ano. São áreas com metas diferentes, que contemplam estratégias opostas. É um cabo de guerra sem fim. O pessoal do dinheiro luta para aumentar o preço, mas, se o preço sobe, as vendas caem. O Marketing, então, passa a gastar mais com propaganda, o que derruba a margem do financeiro. Um departamento acaba comendo o bônus do outro, e a empresa anda de lado. Nesses casos, o uso de um simulador que mostra todas as combinações e quanto uma ação afeta a outra ajuda a arbitrar, para que o melhor resultado para a empresa prevaleça.

Como fazer a roda girar

O iFood não era a primeira experiência de Sandor com fraudes e inadimplência. Entre 2016 e 2019, ele já tinha enfrentado um bocado desses problemas quando trabalhava como cientista de dados no Nubank. Na época, sua missão era encontrar um modelo que concedesse cartões de crédito apenas para bons pagadores. Simples? Claro que não. E para explicar o tamanho da encrenca, sua mãe voltava a ser o parâmetro.

O banco ganha um percentual bem pequeno quando o cliente paga por uma compra com o cartão de crédito. O calote só é descoberto após a pessoa usar todo o limite disponível e ficar alguns meses sem pagar. Veja o tempo que demora para que se perceba o problema. Tínhamos de encontrar uma maneira de dar o cartão só para bons pagadores. Claro, se eu emprestasse o dinheiro apenas para a minha mãe, que paga tudo direitinho, cada vez que ela usasse o cartão, o banco daria uma mordida com risco quase zero. Mas como crescer só emprestando para a minha mãe? Impossível. Precisávamos achar pessoas no Brasil, no mundo, como ela. Mas separar um bom de um mau pagador era o diabo.

Existe o caminho básico: cruzar dados e mais dados de birôs de crédito para mapear os clientes. Você usa métodos estatísticos para

O cientista e o executivo

avaliar diferentes projeções de causa e efeito e treina o robô para testar dezenas de centenas de combinações possíveis. A partir de uma série de parâmetros pré-determinados, ele calcula o percentual de risco daquela operação.

Porém, o limite de um cartão de crédito é para a vida toda, ou boa parte dela. Seu detentor pode gastar quando quiser. Como gerenciar o risco da carteira a longo prazo? O banco pode quebrar antes de perceber que o sistema não funcionou, já que o bom pagador de hoje pode ser o caloteiro de amanhã. Considerando que o resultado ano a ano seja bom, fica entendido que acertamos em separar o joio do trigo. E quanto melhor o modelo, menor o risco. Quanto menor o risco, mais dinheiro é possível emprestar. A estratégia do Nubank foi construída em cima disso. Acontece que o modelo não faz nada sozinho. Ele passa por uma camada de julgamento com regras para calcular se deve ou não recusar um cliente. E chega um momento em que essa operação, olhando sob o ponto de vista do controle de fraude, se torna de novo complicada, porque, quando o sistema nega um cartão, não é possível saber se a pessoa realmente é um golpista, um mau cliente ou um bom cliente desperdiçado. O banco fica cego diante da decisão do robô.

A saída é criar modelos que consigam pegar aqueles que estão no limite da decisão, clientes censurados que, na verdade, podem trazer bons resultados. Foi exatamente o que o nosso time de IA fez. A partir de novas metodologias, melhoramos o processo de decisão. E, ao trazer novos clientes, era possível ajustar ainda mais o modelo com mais dados, o que, por consequência, mudava o perfil de risco da carteira novamente, permitindo ao Nubank crescer ainda mais. Giramos a roda com um sistema que garantia ao banco a possibilidade de crescer exponencialmente.

Uma vez, tive de fazer uma apresentação de AI no contexto de crédito para todo o Nubank, e o exemplo que usei foi o do mercado de limões. No mercado, compradores e vendedores têm informações diferentes sobre a qualidade de um produto ou serviço. Por exemplo, quando você compra um carro usado, você não sabe se ele é um bom carro ou um limão (um carro ruim), mas o vendedor sabe mais do que você.

No contexto do crédito, o mercado de limões significa que credores e tomadores têm informações diferentes sobre o risco de inadimplência. Por exemplo, quando você empresta dinheiro para alguém, não

O guarda-chuva, a regra do gim e muitas decisões

sabe se ele vai pagar você de volta ou não, mas ele sabe mais do que você. O mercado de limões pode levar a problemas como seleção adversa e risco moral. Seleção adversa significa que apenas os tomadores mais arriscados vão solicitar empréstimos, porque eles não têm nada a perder. Risco moral significa que os tomadores vão se comportar de maneira mais imprudente depois de conseguir um empréstimo, porque eles não arcam com o custo total da inadimplência.

Como o Brasil não é para principiantes, o jeito era usar IA mesmo.

No iFood, essa era a perspectiva. Uma verdadeira transformação, que vinha sendo aprimorada fazia um tempo. Quando Sandor contava que ele próprio tinha sido bloqueado pelo sistema antifraude, ninguém acreditava.

Quando o iFood começou a fazer entregas de supermercados, fui testar essa nova funcionalidade. Queria reestocar o meu bar. Então fiz uma compra de bebidas. Cai no sistema antifraude. Troquei o cartão, e a compra foi cancelada de novo. Havia alguma coisa errada. Tentei pedir ajuda no atendimento ao cliente. Ao mesmo tempo, mandei a transação para o meu time e pedi que verificassem o que estava acontecendo.

Do lado do atendimento, a orientação foi: "Senhor, remova os cartões do aplicativo, todos eles; acesse as configurações do aplicativo; limpe o *cache*; desinstale o aplicativo; reinstale o aplicativo; configure os cartões; agora, tente efetuar a compra".

Então recebo a resposta do meu time: "Você caiu na regra do gim". "Regra do gim?", perguntei. E a resposta foi: "Tem uma regra aqui que é basicamente a seguinte: comprou gim, pedido bloqueado". Não fazia sentido para mim. "Como assim?"

Eles me explicaram que as bebidas em geral têm alto valor de revenda. E era muito raro alguém em um restaurante pedir uma garrafa de gim para entregar em casa. Portanto, o comportamento poderia indicar fraude. A empresa começou a fazer delivery de mercado, e a regra não foi atualizada. O atendimento não fazia ideia do que estava acontecendo. Não tinha como resolver meu problema.

Se eu fosse um cliente normal, teria saído muito bravo dessa brincadeira. Muito bravo mesmo. Provavelmente, não compraria mais. Isso tem um custo alto no fim das contas. Havia uma regra no antifraude que não estava sendo apenas ruim, ela não deveria existir!

O cientista e o executivo

Era preciso abrir um buraco no cano, deixar passar algumas transações, para ter um *baseline* e calcular a taxa de falso positivo. Com o número de pessoas impropriamente bloqueadas, o passo seguinte seria ajustar a taxa de bloqueio do modelo com inteligência artificial, o que permite minimizar o número de bons pagadores bloqueados e também travar fraudes. Tudo ao mesmo tempo. Uma balança. E isso era vivo.

capítulo 3

A caixa preta e o tique-taque da transfor- mação

As fraudes que mobilizavam o iFood não eram coisa de ladrões de galinhas, de gente querendo comer um hambúrguer de graça. Envolviam esquemas grandes. Um fraudador, por exemplo, podia combinar com um restaurante de encomendar vários pratos, que não seriam preparados, mas cancelados, gerando um expressivo número de chargebacks para o iFood dois a três meses depois, mas o restaurante receberia os valores das comidas supostamente preparadas. Outros criavam robôs e disparavam milhares de pedidos em uma hora – tempo que o sistema levaria para identificar o problema e suficiente para processar as transações. Era muito dinheiro indo pelo ralo – e em velocidade alucinante.

Velocidade nas fraudes, na cobrança, na urgência de resultados. O iFood precisava de um plano. O que faltava para colocá-lo em ação era uma necessidade básica: tempo. Sandor, Diego e vários outros, cada um com uma bomba diferente fazendo tique-taque debaixo da mesa de

O cientista e o executivo

trabalho, às vezes ecoando alto em uma numerosa reunião, às vezes baixinho debaixo do travesseiro. E o pisca-pisca do chargeback era a única luz na escuridão dos dados. Como essa, era preferível que não houvesse luz nenhuma.

O que está acontecendo e o que vai melhorar? Tique-taque.

Esse mantra que se repetiria nos meses seguintes, reunião atrás de reunião, foi apresentado a Sandor no dia em que ele pisou no iFood, mas de uma maneira mais direta, pelo Chief Technology Officer (CTO) – sorriso no rosto, aperto caloroso de mão, Flávio Stecca deu a letra: "Tá ferrado!". Estava mesmo.

Foi Bruno Henriques, Vice-Presidente de inteligência artificial à época, quem tinha levado Sandor para o iFood. Diego lembra da impressão causada por aquele tipo alto que chegava atraindo os olhares e as atenções – era "o cara" de IA. Logo saberia.

Sandor lembra:

> Cheguei com as metas já dadas. Foguete não dava ré (agora dá, com a SpaceX), e eu tinha de colocar dez modelos de machine learning no ar em seis meses. Uma cultura superágil. Mais ou menos duas semanas depois da minha chegada ao iFood, botaram todo mundo em um ônibus rumo ao escritório de Campinas, onde ocorreu o pré-planejamento, evento semestral em que os líderes apresentam o contexto e a evolução das suas apostas e prioridades. Algum profissional havia formatado magnificamente os PPTs, que exibiam planos lindos do que cada um pretendia fazer, criar e construir naquele ano. Mas a conclusão, a tela final, aparecia sem formatação e trazia sempre a foto de um robô e uma mensagem curta dizendo que tudo o que havia sido anunciado seria feito usando IA!

Machine learning é um método de inteligência artificial que usa dados para treinar algoritmos capazes de aprender padrões e fazer previsões sem ser explicitamente programado para isso. É treinado com dados que definem o comportamento desejado, e não com instruções detalhadas. Ele representa uma mudança fundamental no modo como criamos e usamos software.

Tique-taque.

> O motor de regras antifraude que existia era uma caixa preta, porque era terceirizado. Não tínhamos ideia de como estava funcionando, não sabíamos nem como validar o desempenho. Era ali que estava a regra do gim. Eu havia atualizado o sistema, mas a maioria dos

A caixa preta e o tique-taque da transformação

modelos que colocamos no ar era fraca e precisava de muita manutenção pela falta de infraestrutura adequada naquele momento. Precisávamos criar um motor de regras alinhado com os times que fosse capaz de melhorar o processo de tomada de decisão. Apenas um cientista de dados estava alocado nessa tarefa, ou seja, fazíamos o mínimo necessário para manter o modelo funcionando. E o processo decisório do sistema ainda contava com uma empresa terceirizada. Além disso, havia a política de metas por áreas. Isso significava, por exemplo, que o pessoal do Marketing, para ampliar a base de clientes, fazia promoções e removia algumas das regras do antifraude que estavam impedindo a entrada de clientes novos. Só que, depois de três meses, aparecia a fraude, atrapalhando a meta do time de antifraude.

No colo de Diego, já estavam as contas do prejuízo. Entre novembro de 2019 e março de 2020, as fraudes haviam saltado de 5 milhões para 20 milhões de reais por mês. Tique-taque. Chargeback. Land Rovers afogados. Até o ano anterior, as metáforas de Diego não estavam tão sofridas:

Quando entrei no iFood, a área de riscos estava sob responsabilidade de outro executivo. Em um primeiro momento, meu papel era atuar sob a ótica do controle – minha atribuição era zelar pelo orçamento e ter a certeza de que as contas fechariam no fim do mês. Mas começamos a sofrer ataques, o prejuízo subia rapidamente, e então criamos reuniões específicas para entender o que estava acontecendo.

Recorri à minha experiência na Ingresso Rápido para ajudar os times. Eu já tinha passado por tudo aquilo. Sabia que o problema iria durar. O tombo vivido no passado me deu a lucidez que precisava para pensar proativamente e procurar pessoas que pudessem trazer uma nova visão, que enxergassem ângulos que nós, dentro do furacão, talvez estivéssemos perdendo. Recrutamos várias pessoas de diferentes empresas, mas nada de estancar o problema.

A pressão dos acionistas chegou. Sempre chega. Começaram a colocar em xeque a capacidade do time de acabar com o derrame de dinheiro do caixa todos os dias por causa das fraudes. Tinham razão de estar preocupados: quem conhece o negócio de marketplace sabe que o céu é o limite para esse tipo de problema.

Os chargebacks precisavam cair para patamares considerados normais.

O cientista e o executivo

A bomba de Diego começava a ser montada: a área de riscos, o tique--taque do antifraude, foi transferida para ele. Era com ele que a jornada de fraudes passaria para uma nova e decisiva fase.

Eu precisava encontrar pessoas com capacidades analíticas muito acima de qualquer média. Por isso, logo depois de assumir a área de riscos, passei um fim de semana inteiro pesquisando, mandando mensagens, fazendo ligações, para encontrar dez nomes de garotos e garotas formados na Universidade de Campinas (Unicamp), no Instituto Tecnológico de Aeronáutica (ITA), na Universidade de São Paulo (USP), no Instituto Militar de Engenharia (IME), e com mestrado ou doutorado nessas mesmas faculdades. Eu precisava de pessoas com uma capacidade cognitiva muito acima da média e, apesar de não me apegar a universidades para avaliar alguém, precisei criar momentaneamente esse filtro, pois ele me ajudaria a agir mais rápido. Dali saíram seis contratações que chegaram até duas semanas depois. Foi um choque muito forte para aumentar a capacidade analítica do time de antifraude.

Além da análise de dados, foquei em outras duas prioridades. Liderança foi uma delas: cancelei minha agenda com outros temas e me tornei o executivo voltado inteiramente ao problema, com 75% do meu tempo semanal dedicado ao time de riscos durante sessenta dias. A primeira grande fraqueza que observei na área foi o modelo de gestão. Destaquei uma especialista para reformular tudo. Ela ficou noventa dias focada nisso para internalizar o conceito em cada pessoa do time; depois, as pessoas passaram a andar com as próprias pernas. Aquelas que mostraram resistência foram desligadas após dois feedbacks. O terceiro alvo foi estabelecer perspectiva: eu tinha de desenhar com o time uma visão com projeção de tempo, para que as pessoas não ficassem imersas no problema sem a perspectiva de que iriam sair dele. O prazo era cem dias, esse foi o número mágico. Um Plano de 100 Dias foi desenhado por mim, Stecca, Thiago Cardoso (*Lead Data Scientist*) e Karina Louzada (Diretora de Riscos), todos peças fundamentais para essa fase.

Cem dias.

Tique-taque.

A estratégia traçada com a chegada de Sandor previa que ele atuasse como um consultor das diversas áreas, contratando pessoal para engenharia

A caixa preta e o tique-taque da transformação

de dados e machine learning, alocando-os nas várias áreas da empresa, para iniciar a mudança do iFood. Começando, claro, com o sistema antifraude.

O que está acontecendo e o que vai melhorar?

Quando perdia o sono de tão tenso, Sandor pulava da cama bem cedo e saía pelas ruas andando. No ritmo da caminhada, conseguia voltar a raciocinar. Cem dias. Não havia a menor possibilidade de cumprir a meta de tempo criada. Sem contar o robozinho da apresentação, previsto para estar circulando por todas as áreas até o fim do ano. E todo mundo olhando para ele. "Tá ferrado, meu chapa", desde que topou os dez modelos em seis meses.

No ritmo em que estava agora, Sandor percorria uma por uma todas as ruas do bairro duas vezes antes de voltar para casa, dar bom dia às meninas e ajudá-las a se aprontar para a escola. Construía modelos, não resultados. Para ter sucesso era preciso ser rigoroso: formular as perguntas certas, fazer pesquisas, derivar hipóteses. E, a partir delas, se questionar: quando vai melhorar? Em quanto reduziremos o prejuízo? Era a rotina no Slack, dia após dia. Bruno Henriques parecia manter o bom humor. Certo dia, passou pela mesa de Sandor acompanhado de Fabricio. "Nos conte como você vai trazer mais um milhão de pedidos arrumando o antifraude, Sandor." Fabricio, animado, puxou uma cadeira e sentou. "Vamos, conte como vai ser."

> **Slack** é um aplicativo de mensagens para empresas; ele conecta as pessoas às informações de que elas precisam, permitindo que trabalhem como uma equipe unificada e mantendo comunicações de maneira síncrona e assíncrona.

> Todos cobravam uma solução imediata. O "Olho de Sauron"[8] havia despertado na empresa, mobilizando todos. Diego montou uma força-tarefa, recrutando pessoas de vários times – tecnologia, dados... Aumentamos o time de IA. Trouxemos uma liderança forte para ajudar nesse processo. Mas nada disso mudava o fato de que o motor de regras antifraude era terceirizado, e nós não sabíamos nem como validar seu desempenho. Era naquela engenhoca ali que estava a regra do gim.

8 Referência à representação de uma personagem na trilogia de livros *O Senhor dos Anéis*, de J. R. R. Tolkien, que consiste em uma forma abstrata de um grande olho flamejante que tudo vê. (N. E.)

O cientista e o executivo

Tínhamos dois problemas: o tempo que levava para aparecer chargeback ou não; e o fato de não sabermos o que acontecia para aquilo que era cego, a tal caixa-preta. A parte mais difícil não era escrever códigos, arrumar o todo. A parte complicada era, reunião após reunião, ir dizer o que estava acontecendo e o que ia melhorar. Para já! Só que essas coisas levam tempo: é necessário construir infraestrutura e monitoramento, atualizar modelos. É preciso arrumar um motor de regras, observá-las ao longo do tempo.

Como convencer os executivos de que estávamos na direção certa para resolver o problema? O indicador para onde olhavam, por mais que eu dissesse que ia melhorar, era o chargeback de três meses antes. E boa parte dos executivos do iFood não fazia ideia do que estava acontecendo no mundo real, porque durante muito tempo foram colocados em uma *whitelist* de pedidos no iFood, ou seja, para eles a experiência continuava ótima. Erro tremendo!

Pessoas do iFood ficaram uma fera quando descobriram que não estavam mais na lista de usuários que *não podiam* ser bloqueados pela caixa-preta. Foi aí que – com um pedido barrado pela primeira vez no aplicativo – eles sentiram a dor do cliente. No iFood, isso é chamado de *eat your own dog food*, que significa usar internamente um produto ou serviço desenvolvido pela empresa para testá-lo antes de disponibilizá-lo aos clientes. A ideia é que, se o produto é bom o suficiente para os consumidores, também é bom o suficiente para os funcionários usarem.

O sistema era tão vulnerável que os fraudadores viviam encontrando novas brechas. Do lado do iFood, a cada nova regra que subiam, o sistema todo ia abaixo. Por mais simples que fosse, um novo comando era capaz de desestabilizar todo o modelo anteriormente montado e pôr em risco todos os pedidos, ou seja, as metas de todas as unidades de negócio. Criar uma nova estrutura para acabar com o jogo de gato e rato com os fraudadores levaria pelo menos um ano. Uma eternidade, um custo gigante.

Fora isso, o iFood estava em crescimento exponencial. Do CEO e dos investidores só vinha uma diretriz: "*Sustainable growth!*". Crescer, crescer, crescer de modo sustentável era tudo o que se ouvia. Então, enquanto sangrávamos de um lado, a empresa estava alocando quantidades absurdas de capital em crescimento. Quem nunca comeu no iFood sem um cuponzinho?

A caixa preta e o tique-taque da transformação

> Mexer no antifraude para tentar conter abusos invariavelmente mexia na nossa matriz de confusão, abalando um equilíbrio frágil. Às vezes, bloquear mais possíveis fraudes significava bloquear crescimento – e claro que o outro lado da empresa vinha reclamar.

De um ponto de vista tragicômico, é uma situação em que nem o executivo nem o cientista sairiam vencedores, pois apanhavam dos dois lados: se não crescer, o bicho pega; se não segurar a fraude, o bicho come.

> Um dia eu apareci em um `war room` para ajudar (ou tentar ajudar) a resolver um problema de conversão no aplicativo, pois cada regra nova era uma surpresa – e, às vezes, nós subíamos uma regra nova, e o sistema todo ia abaixo. Mas era duro fazer todos aceitarem que sistemas complexos são complexos! Uma borboleta bate asas em um lugar e gera um furacão em outro.

Para Sandor, o mais interessante é que, diante da necessidade de explicar para todos o que estava fazendo, foi possível identificar que o terceiro – para quem as transações eram enviadas – estava mais atrapalhando do que ajudando.

Vale aqui explicar um sistema antifraude em pouquíssimas palavras. Toda vez que uma transação vai para o iFood, ela passa por algumas fases:

1. **Regras duras:** a regra do gim é uma delas. Não é boa, mas é uma delas. Outras regras são de valor, como, por exemplo, bloquear pedidos maiores do que mil reais; outras são de frequência, como bloquear mais do que dez pedidos por minuto (quem é que pede comida mais do que dez vezes em um minuto?!).

2. **Modelo:** o modelo pega toda a informação da transação, do cliente e do restaurante e dá uma nota para a probabilidade de ela ser mesmo fraudulenta.

   a. Digamos que o ponto de corte é 0,5%. Significa que qualquer transação com menos de 0,5% de possibilidade de ser fraudulenta é aprovada normalmente (note-se que esses números são pequenos mesmo; lembram da conta da Ingresso Rápido?).

   b. No caso do iFood, havia um ponto intermediário, digamos de 0,5% a 1%, em que se pedia uma "segunda opinião" a

uma empresa terceira. Ou seja, a transação era marcada como suspeita e se perguntava: "O que você acha?".
c. Qualquer pedido acima de 1% era bloqueado automaticamente.

Sandor continua:

> Na prática, o racional de mandar para um terceiro é o seguinte: o que acontece com a minha matriz de confusão se eu aprovar todas as transações entre 0,5% e 1,0%? O que acontece com a minha matriz de confusão se eu rejeitar todas? O que acontece quando mando esses pedidos para o terceiro? Fica melhor ou pior? Dê uma olhada nos esquemas a seguir!

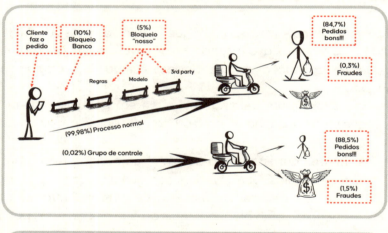

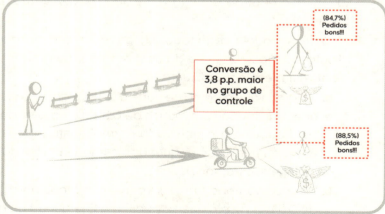

A caixa preta e o tique-taque da transformação

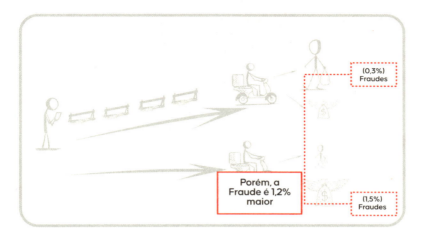

Mandávamos o pedido, e esse terceiro errava mais do que acertava. Trabalhamos com ele para melhorar as regras, arrumamos tudo e criamos uma porção de monitoramentos novos, mas ainda com o problema da infraestrutura. Conseguimos dar visibilidade e trazer os dados para o tomador de decisão, para começar a melhorar nosso sistema.

Não foi, claro, de um dia para outro, de uma hora para outra. A qualificação dos times foi acontecendo, a cultura da inteligência artificial foi sendo absorvida pela empresa, os investimentos começaram a fazer o caminho de volta. Criamos o monitoramento necessário para ter uma visão completa do problema. Depois de tantos meses de sangria, a curva das fraudes embicou para baixo. As bombas já

O cientista e o executivo

> tiqueteavam de maneira mais suave. No meio de 2020, o número de chargebacks apontou para a estabilização em patamar mais baixo, se comparado ao dos anos anteriores.
>
> Hoje, mais de três anos depois, quando me perguntam "Mas o que mudou?", a resposta é: "Nada... e ao mesmo tempo tudo".

Furos no encanamento

O iFood já tinha um modelo de IA checando as fraudes, já existiam regras para acompanhar as transações, a estrutura era relativamente *data-driven*. Tudo o que Sandor e Diego fizeram foi reordenar os processos em torno dos modelos em um modo que chamavam de *AI-by-design* – nada mais do que colocar os modelos no centro e fazer todos os processos girarem em torno dele, de maneira que processos e modelos ficassem altamente dependentes uns dos outros (o chamado *tight coupling*) e que essa interdependência gerasse resultados maiores que a soma dos componentes individuais.

O raciocínio era:

- É um jogo de gato e rato: os fraudadores vão sempre criar maneiras novas de fraudar, ao mesmo tempo que o iFood também vai lançar novos produtos, abrindo caminhos que talvez possam ser usados para enganar a empresa.
- Os modelos precisam de tempo para aprender, e, nesse caso, tempo significa dados. Se o iFood lançasse um produto novo, não haveria qualquer exemplo de fraude nesse produto, logo o modelo não saberia se proteger.
- Nos casos de produtos mais novos, as regras têm de cobrir os buracos do modelo.
- Além disso, é preciso saber como o sistema inteiro está funcionando, então é essencial a construção de um grupo de controle: o tal "furo no encanamento", que deixa passar um percentual bem pequeno de pedidos que não são avaliados pelos modelos e pelas regras.
- Esse "furo no encanamento" oferece uma estimativa de *baseline*, ou seja, de como seriam as fraudes se não houvesse nenhuma proteção.
- Com o "furo no encanamento", um processo forte de regras que complementa o modelo consegue gerar o fluxo constante

A caixa preta e o tique-taque da transformação

de dados necessário para retreinar novos modelos e melhorar continuamente os processos.

○ Quando conseguirem relacionar tudo isso, não será incomum ter quatro ou mais versões do modelo rodando ao mesmo tempo, todas competindo entre si para ver qual a melhor, qual será escalada.

Um aspecto bem legal do monitoramento em conjunto com o "furo no encanamento" é que dava para fazer uma medida do apetite do fraudador. Mesmo sem nenhum bloqueio, as fraudes nesse grupo de controle estavam caindo. Os fraudadores estavam desistindo... O iFood estava vencendo! (ou pelo menos deixando de perder feio).

O processo, a partir dali, foi de melhoria constante, tanto nos números quanto nos avanços técnicos obtidos pela combinação da estratégia da empresa com os movimentos na área de IA: construção de infraestrutura para estabilizar o sistema, o ajuste das regras com o time de Marketing e o monitoramento com um grupo de controle no ar. Veremos isso em detalhes um pouco mais adiante.

Já tinha acontecido, já tinha melhorado. E o cientista podia dizer:

São transações que eu deixo passar sem o antifraude que uso para treinar meu modelo e para fazer meus cálculos. Na construção do processo, passamos a saber exatamente quantos pedidos o iFood perdia por causa de um falso positivo. Ao mesmo tempo, tinhamos muito menos fraude, e o aplicativo passou a ter a maior aprovação de transações da história, porque o time de IA conseguimos acompanhar tudo.

Essa foi uma situação em que conseguimos usar o antifraude de maneira estratégica. Eu posso pegar vários produtos diferentes e, para cada um, determinar a melhor estratégia. Então, por exemplo, com um produto novo, talvez a empresa esteja mais disposta a tomar mais risco, porque deseja fazer esse produto crescer. Com um mais consolidado, como uma entrega de comida, talvez queira assumir menos risco, porque não quer levar muita fraude.

Mais especificamente, podemos fazer uma viagem no tempo aqui. As startups nos últimos dez anos passaram por um momento de exuberância, que durou até mais ou menos 2022, quando as taxas de juros começaram a subir praticamente no mundo inteiro por conta da alta inflação e encareceram o custo do capital, forçando

O cientista e o executivo

> todas a serem mais conscientes com o dinheiro. Podemos falar, no contexto do antifraude, que existem dois modos de pensar: o primeiro é orientado a crescimento, em que a empresa pode decidir ser mais leniente com fraudes para evitar bloquear clientes bons (falsos-positivos) e crescer mais. Em um mundo com restrições de capital, pós-2022, as empresas podem ser mais duras com fraudes para evitar um custo com perdas muito alto, mesmo que exista um risco de desapontar alguns clientes.
>
> Conseguimos fazer do antifraude, que em geral é um exemplo perfeito de Velha Economia, algo que está integrado à estratégia da empresa e é usado para tomar decisões cada vez melhores e para aumentar nosso crescimento, além de tornar a experiência do consumidor, do entregador e do restaurante muito melhores. No iFood, não se fala mais de antifraude como custo, fala-se de algo que vai ajudar a impulsionar a empresa para o crescimento, para o futuro.

Superada a era do pesadelo, o futuro entrava no radar do executivo:

> Hoje, pouquíssimas empresas na América Latina estão no patamar a que conseguimos chegar com relação a um modelo antifraude, muito em função dessa raiz, dessa estrutura criada na crise, que nos permitiu evoluir ao longo do tempo.

parte 2
o econo-mista e o advogado

capítulo 4

As primeiras lições do empreende-dorismo

O menino Sandor disparava avenida abaixo com a bicicleta novinha, saída diretamente da loja do pai. Detrás do guidão, a cabeça baixa com os olhos projetados para frente, calculava atravessar com tranquilidade o primeiro e o segundo semáforos no verde. O problema era o terceiro, bem adiante, que teimava em uma sincronia impossível, obrigando o garoto a sair da sarjeta e pedalar entre Unos e Monzas se não quisesse ter de frear no vermelho, justo na esquina mais movimentada do bairro.

E se não desse no terceiro, toda a cadeia de semáforos da avenida viraria uma roleta. O garoto fez lá suas contas por cima, computou sua experiência em outras descidas e se preparou para confirmar ou não uma previsão. O que no final acabava não tendo a menor importância – mas aquilo era divertido de qualquer jeito. Anos mais tarde, ele contava essa e outras histórias para a então namorada, Harley, confiante de que os entusiasmos inocentes da infância e da juventude não eram suficientes para cancelar casamentos.

> Meu sonho era ser operador do mercado financeiro. Não tinha erro: o negócio era ser como Warren Buffett, ir comprando e vendendo

As primeiras lições do empreendedorismo

> posições até ficar rico. Ou pelo menos era assim que eu, na maturidade dos meus 14 anos, imaginava. E seria até mais legal, com aquela gritaria no meio das pessoas, um telefone encaixado em cada ombro e um painel com letras verdes e vermelhas acima da cabeça.

Wall Street, A fraude, Trocando as bolas, O primeiro milhão: não sobrou um no catálogo da locadora de DVDs da vizinhança que Sandor não tivesse alugado. No *Jornal Nacional*, houve uma época em que quase todo dia passavam imagens, via satélite, de operadores arrancando os cabelos nas bolsas asiáticas em meio a um *crash* histórico. No dia seguinte, as mesmas imagens decoravam as laterais das bancas, nas capas de jornal penduradas no sol da manhã.

> Quando ainda trabalhava como designer na General Motors, meu pai chegou a investir um pouco na Bolsa. O legal é que era uma coisa bem analógica. Eram os anos 1980, nada de computador, nada de internet. Ele aproveitava as dicas de um amigo que trabalhava com mercado. Acompanhava as posições e fazia gráficos em um papel quadriculado. Meu pai sempre foi bastante caprichoso, por conta da formação de designer. Mas não era muito sistemático. Acompanhava tudo meio na diagonal.
> Ora, se existia um futuro para mim, estava no mercado financeiro. Era uma visão idealizada, com base na experiência dele – dicas, não dados, para predizer o futuro. E ele me explicava como se informava sobre os preços e contava quanto dinheiro havia ganhado ao investir em determinada empresa. Parecia a coisa mais fácil do mundo.
> Quando fui estudar economia, o combinado é que eu aprenderia como aquilo funcionava de verdade, arrumaria um emprego, e tudo daria certo. Como Warren Buffett e Eddie Murphy, ia ficar rico!

Felizmente, uma lógica econômica mais pé no chão regia a família. Depois dos anos como designer na GM (onde ajudou a trazer o Kadett para o Brasil), seu Caetano partiu para o empreendedorismo, abrindo a loja em que o garoto Sandor vivia entre aros, garfos e rodas dentadas. O trabalho era montar e vender bicicletas. Começou assim, mas logo a globalização – possibilitada pela abertura econômica promovida no governo Collor – traria peças e acessórios importados ao mercado, transformando o negócio.

O cientista e o executivo

Ele passou a ser uma distribuidora, vendendo para lojas. Tinha também um parceiro, com quem montava racks para transportar as bikes nos carros. Antes da abertura, lá pelo começo dos anos 1990, praticamente só existia o rack deles no teto dos carros. Então, ao longo do tempo, o negócio foi migrando de bicicletas e acessórios para, basicamente, acessórios de bikes.

Como meu pai tinha muito contato com os importadores de peças, enxergou novas oportunidades. Entre os vários chineses que conhecia, um deles trazia lâmpadas fluorescentes compactas, que estavam começando a aparecer no Brasil. Foi fácil para ele fazer a distribuição, já tinha quase uma logística montada com o negócio das peças de bicicleta.

E foi uma sorte, porque as bikes começaram a dar menos dinheiro; e as lâmpadas, mais, porque nos anos seguintes veio a pior crise energética do Brasil – o apagão do fim do segundo mandato presidencial do Fernando Henrique Cardoso, época em que todo mundo correu para comprar as fluorescentes, mais econômicas que as incandescentes. Foi um período bem próspero para o negócio, mas a abertura que havia pavimentado esse caminho trouxe mais e mais concorrência. As margens caíram para todo mundo nesse ramo, e meu pai desistiu. Isso já no finalzinho dos anos 1990 e começo dos anos 2000.

Nessa fase, eu já estava na faculdade, mas até ali tinha sempre trabalhado com ele de algum modo. Passados os anos 1980, vieram os computadores, que meu pai usou nos negócios. Ele fazia questão de criar pequenos sistemas e cadastros para todos os clientes, era o *customer relationship management*, o CRM da empresa. E eu o acompanhava nesse ingresso ao mundo digital. Tive computador em casa desde moleque. Quando eu trabalhava com ele na loja, fazia entregas, mas também o controle de estoque, e gastava um tempo digitando nesse cadastro.

Meu pai comprava listas de CNPJ, e às vezes passávamos dias e dias cadastrando os números na base para poder fazer *mailing*, a fim de mandar spam para possíveis clientes. Na verdade, nem era e-mail, mandávamos cartas mesmo.

Na época, minha visão de futuro era esta: eu queria trabalhar para economizar grana, ter um excedente de capital, aprender a investir e, a partir de determinado momento, largar meu emprego para virar *trader* *full time*. O objetivo era aprender o que precisava fazer,

As primeiras lições do empreendedorismo

ganhar dinheiro, economizar tudo o que pudesse, operar no mercado financeiro e deixar o dinheiro trabalhar por mim.

Se o modo imaginado para alcançar esse objetivo era ingênuo, a ideia acabou prosperando e ganhando contornos mais sofisticados quando, já adulto, Sandor rumou para a universidade, sem ter de atravessar uma sequência de erros e acertos a bordo de uma bike.

O negócio da família

Para Diego, a primeira ideia sobre o uso de dados de uma maneira produtiva para os negócios vinha dos tempos em que, ainda garoto, se abrigava do solzão da cidade mineira de Uberaba em um grande vão onde ficavam estacionados, à espera de reparos, os caminhões da transportadora do pai. Ali, um placar pintado de preto identificava cada veículo pela placa, à qual se seguiam todos os índices de medida que possuíam: quilômetro rodado, média de consumo, histórico de troca de pneus etc.

O que me chamava a atenção era o fato de que aqueles dados nunca eram debatidos. Volta e meia, eu falava: "Pai, e se criássemos um sistema de incentivo a partir desses dados, no qual a pessoa possa ganhar mais dinheiro ou ter algum benefício ao atingir alguma meta?". A reação era sempre a mesma: ele dizia que os caminhões eram diferentes uns dos outros, portanto não poderiam ser comparáveis, ou seja, aquilo se tornava muito mais uma ferramenta de controle, de prestação de conta básica, do que de geração de inteligência.

Na verdade, ali tinha bastante informação que permitia compreender várias coisas: o comportamento dos motoristas, o comportamento das rotas, o tipo de cliente atendido; e isso me fazia pensar sobre a gestão que poderia ser feita e não era.

Outra ideia: no começo dos anos 2000, meu pai instalou GPS em todos os caminhões e passou a acompanhar as rotas de modo on-line. Era engraçado ver que todos entravam no sistema simplesmente para ver se o caminhão estava na rota, verificando se não havia sido roubado, se chegaria ao destino, mas zero de inteligência era extraído dali. Por exemplo, você conseguia ter uma visão muito melhor de ponta a ponta, saber em quantos lugares ele parou, quais postos utilizou, qual o preço da gasolina naqueles postos, ou seja,

O **cientista** e o **executivo**

> tinha a chance de fazer algo bem mais inteligente com as informações disponíveis, mas, de novo, aquilo era usado apenas como ferramenta de controle.

Apesar das eventuais resistências, o pai, Reginaldo, era o espelho para um Diego sempre cheio de ideias. Era uma relação de identificação, não de conflito.

> Sempre vivi em um ambiente muito aberto, com espaço para participar de tudo. De começo bem quieto, acompanhei reuniões interessantes, vi pessoas sendo contratadas, demitidas, fornecedores sendo recrutados, discussões com clientes que resultavam em ganhos ou perdas enormes.
>
> Vi bastante coisa e cresci observando meu pai, que é uma pessoa muito capaz – em especial na questão das relações humanas. Ele me mostrou o impacto que você pode ter no comportamento de quem o segue. E me lembro muito dele falando sobre a importância de pagar o banco corretamente, por exemplo, e assim construir relações que poderiam ser utilizadas no momento necessário, em uma dificuldade. Meu pai lidava bem com números, mas a grande habilidade dele era a liderança. E esse talvez tenha sido o maior efeito que ele teve sobre mim: a capacidade de olhar para as coisas pelo lado humano.
>
> Passar tanto tempo na empresa dele fez com que eu tivesse experiências que muitos só têm mais tarde. A primeira vez que construí uma visão, um plano, e fui captar dinheiro foi por causa da empresa. Na expectativa de construir um time de futebol na rua, fui com minha pastinha debaixo do braço falar com um parceiro multinacional da empresa do meu pai e lá consegui um patrocínio para comprar o uniforme. Nos jogos em Uberaba, nosso time de futebol era o único com uniforme, e não coletes. Isso me enchia de orgulho.

E havia a lição – na verdade, quase uma surra – que o Brasil sempre dá aos empreendedores em geral. Mesmo em um caso de sucesso como o de Reginaldo, a transportadora de Uberaba tinha vivido batalhas épicas, começando pelas barricadas até o cartório que, simbolicamente, parecia ter sido projetado para ficar no lugar mais fora de mão da cidade.

As primeiras lições do empreendedorismo

Meu pai foi o típico empreendedor que vem de baixo, que rala, se desestabiliza, começa de novo, se vira. Esse era o meu pai. Todo dinheiro que ele ganhava, reinvestia. É o empreendedor que vai construindo uma jornada com uma dificuldade muito grande e muita antifragilidade. Sem dúvida tirei isso dele.

Outra questão era a perspectiva: ele sempre enxergou o que vinha pela frente e vivia o presente de maneira mais leve, uma vez que os problemas e desafios eram vistos como caminho para algo melhor no futuro.

Eu sonhava grande. Para mim, era óbvio ter uma perspectiva que pudesse me alçar à grandeza. Mas também fui um aluno muito ruim. Peguei recuperação da terceira série do fundamental ao segundo ano do colegial. Ser aprovado nunca foi um problema, mas meu comprometimento com a disciplina do estudo, de ter que sentar na cadeira e estudar, tudo muito organizado e formal, era zero, zero, zero. Por outro lado, nos projetos que envolviam a construção, o desenvolvimento e a entrega de algo coletivo eu era destaque. Isso, porém, não garantia notas suficientes para a aprovação. Lidar com perspectiva e criar um plano de mudança e sua execução pareciam algo mais natural para mim.

Então, na escola, todo mundo sempre me via como o filho do empresário que tinha alguma condição e provavelmente iria trabalhar com o pai. Era uma visão negativa, de alguém sem perspectiva. Na minha cabeça, a grandeza viria, porque, quando eu me aplicava, o resultado era bom. O meu problema era a motivação com métodos lineares e estratificados.

A realidade é que o modelo tradicional das escolas à época era bastante doloroso para mim. Só no MBA no IMD Business School, na Suíça, quinze anos depois, eu vi o poder que o *project based learning* tem sobre capacidade de entrega. Essa é uma metodologia de aprendizagem ativa, cujo objetivo é associar o aprender ao fazer. Ou seja: construir o conhecimento de maneira coletiva, fugindo do modelo de sala de aula convencional, em que o professor ensina uma matéria, e os alunos mostram o quanto aprenderam a partir de uma atividade avaliativa final. O mais importante não era o conteúdo ensinado em sala, e isso já quebrava o paradigma das aulas consideradas convencionais. Nesse sistema, tudo nasce com uma proposição e, a partir dela, os alunos recebem um desafio para colocar em prática conteúdos diversos e desenvolver o conhecimento de

O **cientista** e o **executivo**

> maneira ativa, colaborativa e interdisciplinar. O mais interessante é que é possível que a mesma temática, aplicada a grupos diferentes, traga respostas diversas.
>
> O Direito veio como uma consequência natural. Meu pai fez Direito até o quarto ano, abandonou para empreender. E ele tinha uma teoria de que o curso dava muita amplitude, portanto permitia à pessoa, em última instância, fazer de tudo. Eu fui cursar Direito com a intenção de repetir essa jornada e ser empreendedor, de montar o meu negócio, de fazer algo grande.

Diego também herdara o pragmatismo paterno: não era um homem ganancioso, mas ambicioso. Sempre queria ver o negócio crescer, usufruir dos ganhos para obter mais conforto para toda a família, mas de maneira consistente. A transportadora era a fonte de sustento não só da sua casa, mas também de outras três: do avô, do tio e da tia. Era um negócio familiar, em uma relação muito positiva criada entre o empreendedorismo e o dinheiro. O pai é a pessoa mais ambidestra e antifrágil que conheceu em toda a sua vida.

capítulo 5

Warren Buffett e uma inocente falsidade ideológica

lá foi Sandor preparar-se para ser Warren Buffett, quando foi aprovado para cursar Economia na Faculdade de Economia, Administração, Contabilidade e Atuária da Universidade de São Paulo (FEA-USP).

> Passei o primeiro ano, basicamente, me adaptando à faculdade. Estudei, entrei no time de rúgbi da FEA, no qual fiquei uns dois anos com a missão geral de passar pelos zagueiros ou bloquear os atacantes. Violentamente binário, digamos assim, mas muito divertido. Era uma diversão de adulto. Eu tinha carro, ia a festas, bebia, saía com os amigos. Mudei bastante. Gastei o primeiro ano e meio curtindo essa nova fase.

O cientista e o executivo

> Na metade do segundo ano, comecei a procurar estágios para já me direcionar ao mercado financeiro. Passei por três bancos: HSBC, BNP Paribas e Santander. E foi aí que o negócio começou a engrossar. Comecei a trabalhar com fundos de pensão no HSBC, mas cheguei avisando que eu queria mesmo era ir para a mesa de *trading*. Justamente nessa época, começo dos anos 2000, o mercado estava mudando, ficando eletrônico. Em questão de poucos anos, os *trading floors*, onde se reuniam os exércitos de operadores *front office*, minguaram, primeiras vitimas da automação. Então, as empresas começaram a buscar também engenheiros, matemáticos, o pessoal que sabia programar, e não apenas os economistas.

A verdade é que a era dos telefones encaixados entre o ombro e maxilar e da gritaria nos pregões tinha ficado no século anterior – tão passado quanto as roupas com ombreiras e o Playstation 1.

> Alunos de Economia não tinham um currículo formal de programação. Eu precisei correr atrás, aprender. Para todo mundo, eu falo que aprendi a programar nas ruas – no sentido figurado, quero dizer, não foi descendo avenidas a toda de bicicleta. Foi o contrário, aliás. Nos três anos que faltavam para terminar a faculdade, dei início ao meu plano de trabalhar e poupar.
>
> Depois dos três bancos, fui fazer estágio na LCA, uma empresa de economistas. E o que acontecia no meu mundo nesses anos de consultoria? Basicamente eu acordava, ia para a academia, enfrentava o trânsito e trabalhava. O trabalho, mais o trânsito e mais a faculdade me deixavam morto. Voltava para casa tarde, dormia o que dava e girava nesse ritmo. Em quatro anos, eu fiz de tudo para aprender o máximo sobre o mercado financeiro. Obviamente, eu ganhava salário de estagiário. Não dava para poupar muito, mas eu sempre salvava uma grana para investir.
>
> Li *Pai rico, pai pobre*,[9] mas falhei com *Como fazer amigos e influenciar pessoas*,[10] que, imensamente aborrecido, larguei pela metade. Pena, porque isso viria a me fazer falta no futuro...

---

9 KIYOSAKI, R. T. **Pai rico, pai pobre**. Rio de Janeiro: Alta Books, 2018.

10 CARNEGIE, D. **Como fazer amigos e influenciar pessoas**. Rio de Janeiro: Sextante, 2019.

Warren Buffett e uma inocente falsidade ideológica

Pseudônimo: Ricardo

O mundo do Diego era preparar-se para ser Harvey Specter em *Suits* (ou *Homens de terno*, no Brasil).[11]

> Venho para São Paulo, presto vestibular, e tenho uma primeira grande frustração na vida. Sempre que eu me propus a estudar, as notas apareciam. Só que eu tinha naturalmente um *gap* de dez anos para tirar, por isso não passei e precisei fazer cursinho. No Anglo, vou muito bem, fico entre os primeiros nas provas em nível nacional. Meu desempenho era bastante forte.
>
> Minha irmã mais nova também estudava no Anglo para prestar Direito, mas não ia tão bem quanto eu. Ela ficava na famosa sala B, e eu, na A. Era certo que eu entraria na USP, e ela não, acabaria indo para outra universidade. Aconteceu o oposto. Ela passou para a USP, e eu não. Essa foi a minha primeira frustração. Entrei na Pontifícia Universidade Católica de São Paulo (PUC-SP), ótima faculdade, mas não era minha prioridade. Apesar de tudo, tirei uma grande lição disso: consegui ver aquilo como algo racional, e, se não passei, era porque não havia cumprido o que deveria ter feito. Minha irmã – e eu estava muito feliz por ela – tinha cumprido o que precisava fazer. Descobri o nível do meu ego e meu amor pela família. Foi doloroso, mas natural. Houve muita reflexão para que eu melhorasse como pessoa.

A frustração verdadeira, contudo, ainda estava por vir. A ideia de que um canudo em Direito era a chave que destrancaria muitas portas fez algum sentido vinte anos antes para o pai de Diego, em uma cidade que não possuía sequer uma livraria. A proposta era sensata na medida em que se casava com a cultura da segurança, que, quase como todas as crenças da época, era ilusória. Um roteiro bastante conhecido na cultura da Velha Economia.

> Logo no primeiro ano, fiquei completamente desmotivado. Curso supertradicional, pouco focado em construção e muito mais em repetição, não orientado a negócio e pouco capaz de influenciar os

---

[11] SUITS [Seriado]. Direção: [s.d.]. Produção: Untitled Korsh Company, Hypnotic Films & Television, Universal Cable Productions. Estados Unidos: USA Network, 2011-2019.

O cientista e o **executivo**

> alunos a criar. O problema não era a faculdade, era o tradicionalismo na pedagogia brasileira. Meu primeiro ano foi copiando o que os professores escreviam na lousa para decorar e responder na prova.

Os caminhos da vida real logo começaram a se apresentar. Em um dia de 2004, infeliz nas carteiras da universidade, Diego ficou sabendo de uma vaga no escritório Mattos Filho, na área de mercado de capitais – ou seja, operações que envolvem abertura de capital, fusões e aquisições, estruturação de fundos de investimento, captação de recursos, operações com contrapartes internacionais, entre outros.

> Um colega trouxe a notícia de que tinha uma entrevista naquele dia para uma vaga na área de mercado de capitais do Mattos Filho, mas queria mesmo era fugir dela. Surgia ali uma oportunidade que eu não poderia deixar escapar. Pedi para ir no lugar dele, e ele topou.

Mesmo infringindo de algum modo o artigo 299 do Código Penal, como todo mundo ali sabia, Diego foi fazer a entrevista e respondeu na sala de espera quando chamaram por Ricardo, o que o afastou de Harvey Specter e o aproximou de Mike Ross naquele momento. Era arriscado, mas aquela era a área em que ele teria a chance de se aproximar do mundo dos negócios. Após a entrevista, confessou seu "crime". E, com alívio, ele viu que não só entenderam, mas, ao fim de tudo, o contrataram.

> Eles demonstraram uma flexibilidade enorme para dar uma chance a um garoto que fez a entrevista daquele jeito, e ali eu tive a minha primeira grande escola, que equilibrava gestão com criação. Aprendi a planejar, a ter objetivo, comecei a enxergar o poder de estruturas que permitem replicar *approaches*. Tive um impacto muito forte de gestão, e a tecnologia começou a entrar na minha vida por conta disso. Passei a ver, de maneira natural, como a tecnologia pode ajudar na gestão.

Quem se lembra do BlackBerry?

No Mattos Filho, Diego entrou em um mundo mágico. Era 2004, e o Brasil começava a decolar com o boom das commodities e o processo de estabilidade, frutos dos governos Fernando Henrique Cardoso e Lula. O mercado estava acontecendo naquele momento com bilhões em investimento

Warren Buffett e uma inocente falsidade ideológica

vindo para o Brasil, melhorias regulatórias importantes, poder de consumo do brasileiro aumentando... Isso abriu um mar de oportunidades.

De um dia para o outro, Diego estava participando de discussões até então inexistentes, como o IPO (Initial Public Offering) de uma empresa não operacional – ou seja, construindo a tese para que investidores colocassem dinheiro em uma empresa que nem tinha operação, como foi o caso da Brasil Agro e da Invest Tur. Participou de ofertas hostis, que acontece quando uma empresa ou um grande investidor toma o controle de uma companhia listada em Bolsa, comprando suas ações. Pela oferta hostil, o comprador força a aquisição, tomando o controle de uma empresa, como no caso da Mittal comprando a Arcelor e da Sadia tentando engolir a Perdigão. Viveu complexos M&As (Mergers and Acquisitions), como a compra da Hedging Griffo pelo Credit Suisse e a da Serasa pela Experian. Não faltou também inovação, como a reformulação da indústria de fundos de investimento com a Instrução CVM 409. Além do IPO como o da Lopes Consultoria de Imóveis, que teve um sentido especial.

> O grande impacto da época foi a chegada do BlackBerry. De um dia para o outro, as pessoas começaram a participar das reuniões com o BlackBerry nas mãos, inúmeros e-mails trocados de madrugada, todos passaram a se falar a todo momento, as reuniões ficaram menores porque se tornaram mais eficientes, foi uma revolução. O BlackBerry era muito caro, mas aí eu comprei um *palmtop* e comecei a usar. Era algo meio ruim ainda, pouco eficiente, mas insisti, porque queria entrar nesse mundo da tecnologia.

Naqueles primeiros anos do século XXI, havia muito chão que Diego podia percorrer com o Mattos Filho, tecnológico e econômico – uma dobradinha que viria a ser marca do seu futuro currículo.

> A área de mercado de capitais era insignificante no Brasil naquele momento, mas o Mattos Filho já era o principal escritório de mercados de capitais na época. Contava com umas sete pessoas na área; hoje possui 150. Os primeiros grandes efeitos da globalização estavam começando no Brasil.
> Havia uma troca muito importante, porque as transformações econômicas começavam a trazer as transformações tecnológicas. Um exemplo: eu fazia as transações de mercados de capitais em uma data room, sala onde ficam todos os papéis impressos com as

O cientista e o **executivo**

informações das empresas que serão analisadas para consulta. Três anos depois, quando deixei o Mattos Filho, isso já estava digitalizado, evitando que alguém tivesse de vir dos EUA para fazer a avaliação. Então, vi o efeito da digitalização pela primeira vez, a importância disso começou a ficar bastante evidente para mim.

Nessa fase, também vivenciei um desenvolvimento enorme do conceito de inovação. Ali era bastante comum ver a criação de muito do que hoje existe como estrutura regulatória de mercado de capitais no Brasil. Eu participei, vi isso sendo criado e amadurecendo.

Ao mesmo tempo em que tinha todo acesso ao conceito de gestão, recebia, sem saber, estímulos de inovação. Cada vez mais, passei a estudar finanças, contabilidade e economia por conta própria, e isso chamou a atenção de clientes do Mattos Filho. Eu gastei boa parte das minhas madrugadas e fins de semana estudando os manuais usados nas faculdades de Administração, Contabilidade e Economia. E tenho alguma segurança em dizer que estudei mais esses três temas por conta própria do que um aluno médio desses cursos. Na época, apareceu o LinkedIn, que eu usava para mandar mensagem para pessoas e ter conversas sobre determinados temas que eu estava estudando. Não era raro eu dormir três horas por dia. Foi quando apareceu a oferta de trabalho na Lopes Consultoria de Imóveis, após nove meses trabalhando no IPO da empresa. Um protótipo de advogado que falava de temas que ele não deveria estar falando, foi isso que viram em mim.

O plano de fazer dinheiro

Desapontado com a saída de cena dos operadores de bolsa tradicionais, Sandor foi fazendo a sintonia fina do seu curso de Economia. A década anterior, de 1990, tinha sido marcada pelas soluções mirabolantes do Plano Real, como o regime de duas moedas, que levou ao fim da hiperinflação em um país cada vez mais aberto para o mundo. A fissura da novidade e todo o entusiasmo acadêmico gerado por ela não passaram batido.

Na faculdade, eu me dedicava muito às áreas de derivativos, de macroeconomia, quando, no fim das contas, minha carreira guinou para o oposto disso: microeconomia, estatística, econometria, teoria dos jogos (um campo da microeconomia que eu uso até hoje). Então, foi como se eu tivesse mirado em um prêmio e acertado em

Warren Buffett e uma inocente falsidade ideológica

> outro completamente diferente. As matérias em que eu prestava mais atenção, que achava que seriam as mais importantes para mim no futuro, acabaram não sendo as decisivas.

Na FEA, Sandor já tinha lido sobre a teoria dos jogos de John Nash – coisa que Russell Crowe e a megalocadora do bairro haviam popularizado com o filme *Uma mente brilhante*.[12] Também já tinha descoberto a abordagem moderna de *Microeconomia*,[13] mas o livro – e a matéria – só foram se transformar nos mais decisivos para seu futuro anos mais tarde.

Do lado prático da vida, seguia firme no plano de fazer dinheiro: havia sido efetivado na consultoria e estudava programação com afinco, já que a faculdade não havia acordado ainda para essa nova realidade. Com sua "programação achada na rua", Sandor agora vivia na livraria da vizinhança, comprando livros técnicos, gastando o tempo que não tinha para aprender a dar um sentido às novas habilidades que o mercado financeiro começava a exigir de quem queria fazer *trading*.

> Quando já estava formado e trabalhava na LCA, todo o meu tempo livre eu gastava estudando o mercado financeiro. Li tudo sobre o assunto, até que comecei a desenvolver o que chamam de *trading systems*, ou seja, basicamente tentar criar um sistema que pudesse operar por mim e fosse embasado em princípios científicos.
>
> Na consultoria, eu podia chegar tarde. Com isso, dava para passar parte da manhã programando e fazendo testes para poder operar meu próprio dinheiro. Já investia o pouquinho que eu tinha usando esses sistemas, uma parte em títulos e outra em ações. O Cristo Redentor em breve ia decolar na capa da *Economist*, e eu, ainda que pequeno, pegava carona no foguete. Dá para dizer que, de 2006 até 2011, me dediquei a isso.
>
> Tive um relativo sucesso, mas nunca consegui deixar meu trabalho diário porque nunca deu dinheiro que justificasse largar o meu dia a dia. Então, mais ou menos em 2013, comecei a me desprender mesmo dessa parte do mercado financeiro. Mas aí eu programava "como um animal" e acabei fazendo muito sucesso por isso. Minha carreira decolou.

---

12 UMA MENTE Brilhante. Direção: Ron Howard. EUA: Imagine Entertainment, 2001. Video (135 min).

13 VARIAN, H. H. **Microeconomia**: uma abordagem moderna. Rio de Janeiro: GEN Atlas, 2015.

capítulo 6

Um e outro cavalo de pau nas carreiras

Diego levantava voo em uma carreira que nascia imprevista, mas excepcional desde as primeiras frustrações com o Direito. Os anos no Mattos Filho também tinham sido temperados de anti-fragilidade – muito estudo inócuo na universidade, muito aprendizado no escritório e muito pouco tempo para todo o resto, que ficava mais espremido com a clara necessidade de gastar mais horas estudando o que interessava: economia, finanças e contabilidade.

Trabalhando com mercado de capitais, participou de vários processos de fusões e aquisições e de entrada de empresas na bolsa. O ano de 2007, quando concluiu o curso na PUC, foi justamente o momento em que deu o primeiro "cavalo de pau" na carreira, seguindo para a Lopes, onde iria finalmente trabalhar com finanças.

O IPO da Lopes foi muito complexo. A operação levou nove meses para ser concluída, o que gerou uma enorme exposição e aproximação com os executivos da empresa. No dia em que finalizamos a operação e o sino na Bovespa (nome da B3 à época) foi tocado, o Chief Financial Officer (CFO) da Lopes, Roberto Amatuzzi, me procurou e perguntou há quanto tempo eu era formado. Ficou

Um e outro cavalo de pau nas carreiras

extasiado quando ouviu que eu ainda estava na faculdade. Uma semana depois me levou para almoçar e disse que eu não era um advogado, mas, sim, um cara de gestão e com visão mais ampla do que um especialista. Ele me propôs sair do Mattos Filho, onde eu era um estagiário, para me tornar Coordenador de Relações com Investidores da Lopes, estando também exposto a todo programa de M&As que a empresa faria. De um dia para o outro, eu estava onde queria.

A Lopes foi uma grande escola. Uma empresa com um sistema de métricas muito claro, um modelo em que eu conseguia ver o resultado, observar como a gestão permitia que as pessoas pudessem trabalhar, corrigir falhas. Ali é que eu fiz a mudança de Direito para finanças. Tudo começou a ficar definitivamente mais numérico, e a liderança e o modelo de gestão também apareciam de maneira clara. Tornei-me gestor de profissionais que eram formados em Administração, Economia e Contabilidade, enquanto eu era ainda um aluno de Direito. Foi um momento muito rico para aprender sobre pessoas. Passei a estudar bastante psicologia e comportamento.

Acabei usando a Lopes para testar várias novidades. Quando olho em retrospecto, foram muitas descobertas. Exemplo: ter um website próprio de relações com investidores, para criar conteúdo e disponibilizar o material, estava surgindo de maneira mais massificada. Fui eu quem criou o que seria o primeiro site de relações com investidores do Brasil – em que se tinha autonomia e não se terceirizava nada, ou seja, criava-se todo o conteúdo e toda a estrutura do site fazendo a gestão diretamente. O modelo que eu usava para divulgar informações para os investidores, na minha memória, foi o primeiro do Brasil. Aquilo já era um pouco do efeito da preocupação com a tecnologia.

Será que não existe um jeito mais rápido de se fazer?

Na LCA, Sandor começou a arranjar confusão com os livros que comprava, já com o economista botando o pé na automação. A consultoria tinha quatro áreas: Macroeconomia, M&A, Economia do Direito e Economia de Mercado. Esta última fazia projeções para empresas tentando basicamente responder à pergunta: quanto você vai vender amanhã?

O cientista e o executivo

Caí de paraquedas nessa área, que usava a teoria dos jogos, suas decisões otimizadas e microeconomia aplicada com econometria – basicamente uma estatística que trabalha com séries de tempo, para entender causa e efeito.

Mas o primeiro projeto que recebeu passava longe disso... Havia muito pouco de inteligência, embora tenha se revelado uma oportunidade e tanto para o garoto recém-chegado à consultoria mostrar do que era capaz.

Estatística e a ciência que estuda como coletar, organizar, analisar e interpretar dados numéricos, ajudando a entender fenômenos naturais, sociais, econômicos e outros.

Econometria é uma área da economia que usa a estatística para testar teorias econômicas, estimar relações entre variáveis econômicas e fazer previsões sobre o comportamento da economia.

A diferença entre estatística e econometria é que a primeira e mais geral e abrangente, enquanto a segunda e mais específica e aplicada à economia.

Quando eu comecei a trabalhar, eu me dei conta de que algo diferente tinha de ser feito. Lá, logo que cheguei, me deram uma tarefa totalmente manual. Fui chamado para uma salinha onde tinha vários mapas presos à parede, todos eles pintados com caneta marca texto amarela. Meu trabalho, junto com mais dois estagiários que já estavam ali, era avaliar a área de influência de um shopping center. Precisávamos disso para mapear o que estava contido dentro de um raio de 5 quilômetros para cada shopping center em São Paulo. No quadro, a tarefa dos estagiários era usar uma régua e pintar cada via que saía do shopping center de modo a chegar em 5 quilômetros. Tínhamos de considerar a escala do mapa e, quando chegávamos a 5 quilômetros de distância, parávamos. Era como pegar o carro, sair do shopping, andar 5 quilômetros e descobrir o que havia no trajeto. Não eram círculos bonitinhos. O objetivo era calcular qual era a área que cada shopping influenciava, até para ver se tinha sobreposição entre uma e outra. É claro que eu não ia fazer isso manualmente! Eu me recusava. Olhei para o quadro, havia uns dez shoppings em torno dos quais precisávamos desenhar. Os dois estagiários na sala já estavam trabalhando nisso. Dei uma olhada no problema. Não ia dar. Ia levar muito tempo.

Lembrei que o meu pai havia comprado há muito tempo um CD com mapas de São Paulo. Eu ainda tinha o material, que estava escondido em algum lugar no escritório dele. Voltei para casa e, naquele dia mesmo, achei a mídia. No outro dia, a primeira coisa que fiz foi abrir o computador, colocar o CD com os mapas, extrair todos e

Um e outro cavalo de pau nas carreiras

> pôr tudo dentro de um Excel. Era 2006, tudo bem precário ainda, mas usei as ferramentas de desenho do Excel. Escrevi um programa para que me desse o raio, fizesse a conversão da distância percorrida usando a escala dos mapas e calculasse a área de influência de cada shopping imediatamente.
>
> Com esse programinha, consegui resolver o problema em dois dias. E assim, logo de cara, o pessoal elogiou o resultado do projeto, porque saiu em tempo recorde. Obviamente, em consultoria, cobra-se por hora trabalhada e, como tinham precificado a proposta antes de eu chegar, o projeto acabou se tornando muito lucrativo.
>
> E havia uma satisfação nerd nesse projeto, pois eu tive de conjurar o conhecimento de trigonometria, há bastante tempo sem uso (desde o vestibular), para calcular a área desses polígonos.

Com a formação correta, e cheio de ímpeto juvenil recém-conquistado com as possibilidades tecnológicas que estavam surgindo, Sandor queria simplesmente "automatizar tudo".

> O trabalho ali era muito manual, com vários economistas resolvendo grandes problemas. E tinha as entregas que eram feitas ao cliente. Com prazos. Em geral, havia três fases de trabalho para cada cliente. Após a venda do projeto, era hora de fazer as reuniões para colher os dados. Depois, vinha a fase de criar os modelos estatísticos com base em econometria. Por fim, apresentava-se o resultado desses modelos para o cliente. O problema estava na fase intermediária, que levava mais ou menos duas semanas por modelo, já que cada economista precisava de mais ou menos esse tempo para elaborar um modelo pronto.
>
> Falo dos economistas mais experientes, que construíam um modelo a partir do zero com os dados que pegávamos com o cliente. Eles subiam os dados em um programa específico muito usado na época, EViews, e chegavam aos resultados. O problema foi que começamos a vender demais, e aí o prazo para as entregas ficou apertado. A nossa quantidade de trabalho era descomunal. Não tínhamos mais duas semanas para entregar.
>
> Logo depois de escrever o programinha do shopping, comecei a atuar em diversos projetos para a Ambev, que era um cliente bastante importante para a consultoria. Trabalhei dez anos na LCA, praticamente todos eles em alguma variação desses projetos, enquanto a Ambev acabou se tornando o maior cliente da empresa.

O cientista e o executivo

> A Ambev vivia o conflito manjado entre as áreas, com metas internas disparatadas. O melhor exemplo é sempre o mesmo: o financeiro, que aumenta o preço para ganhar margem, contra o marketing, que precisa investir em publicidade para não perder *share* com a alta dos preços.
>
> As projeções serviam para resolver esses conflitos. O que acontecia: criávamos um simulador que fazia esses cálculos para dimensionar os ganhos e as perdas das áreas. Como? Um economista passava duas semanas montando um modelo na mão – usando um software, mas era na mão. Aquilo me deixava louco.

Apostas que dão certo

A história – verdadeira – que se segue, Sandor também gostava de contar. A Ambev havia pedido um estudo em cima da hora, e a inversão da equação modelo/tempo veio bem a calhar: seu chefe topou o robô na hora. Cristian Andrei, dono da LCA, fez a apresentação dos resultados, sem ter ideia de como eles haviam sido gerados. Foi um sucesso.

> Eu fiquei invocado com a situação. Peguei todas as fórmulas matemáticas que usávamos para fazer os modelos e implementei no Excel, de tal maneira que criei uma estrutura em que conseguia testar todas as variações possíveis automaticamente. Depois, era só avaliar as estatísticas geradas por esses modelos e escolher o melhor. Chamamos isso na época de *modelator*. Nós o colocamos para rodar de madrugada, treinando todas as combinações possíveis, e fomos cada um para sua casa cuidar da vida.
>
> No outro dia, pegamos o resultado do *modelator* e escolhemos, via estatísticas descritivas, uns três ou quatro modelos. Depois, fechamos no principal. Em poucas horas, a apresentação estava pronta. Resolvemos o problema.
>
> Em seguida, para apresentar o resultado ao cliente, fomos à Ambev, Cristian, meu chefe e eu, que tinha acabado de ser efetivado. A apresentação foi muito boa. Aquele dia, tenho certeza, virou o jogo para nós. Conseguimos mais e mais contratos com o cliente. Na volta da Ambev, Cristian ia ao volante, com meu chefe ao lado. Eu estava no banco de trás do Fiat Doblò.
>
> "Que legal esse sistema! Como vocês chegaram a esse resultado? Como conseguiram ser tão rápidos?", o Cristian perguntou.

Um e outro cavalo de pau nas carreiras

> "Ah, foi o Sandor que fez um robô e automatizou tudo. Foram feitos vários modelos, nós só pegamos o melhor", respondeu meu chefe. Nunca vou esquecer. Parado no semáforo vermelho, Cristian olhou para mim pelo retrovisor e hesitou um pouco antes de perguntar: "Mas... e o economista?".
> Foi aquele silêncio.

Naquele momento, parado no semáforo vermelho com uma série de predições acertadas, Sandor podia fazer a mesma pergunta para si mesmo: e o economista, como ficava?

> O *modelator* já era um sucesso e acabou virando uma ferramenta dentro da empresa, todo mundo usava para fazer simulações. Isso permitiu que fizéssemos "dezenas de milhares" de modelos. Conseguimos cuidar do portfólio de cervejas da Ambev – inclusive, atuando para fazer projeções da estratégia da empresa no mercado americano depois da compra da Budweiser.
> Eu percebi que sempre havia algo a ser explorado nesse mundo em que era possível automatizar algumas coisas, criar modelos na velocidade da luz e ser muito mais produtivo naquilo que se estava entregando. Eu conversava com o cliente, entendia o problema, ia para casa pensar em uma solução. Geralmente, fazíamos um *literature review* com todos os pontos teóricos para reunir os que poderiam ser úteis. Íamos atrás de artigos acadêmicos que haviam sido publicados sobre essa questão, produzidos por outras empresas ou pesquisadores.
> Precisávamos cercar o problema, entender se era completamente novo ou velho (e só não sabíamos). Era esta a consultoria: desenhávamos mais ou menos como seria o processo, calculávamos por alto as horas que seriam gastas. Proposta aceita – eba! –, então íamos atrás dos dados. Na época, eram dados estáticos – vindos de várias fontes, mas não de maneira contínua. Depois preparávamos os dados. Essa parte era a que costumava levar mais tempo.
> Então, por exemplo, íamos fazer um modelo para prever vendas de cerveja. O que tínhamos eram tabelas e tabelas de Excel com dados das vendas de uma determinada marca em determinado país. Eu precisava colocar nessa mesma tabela os investimentos de marketing, os investimentos em TV, os investimentos em *trade* (a mesinha, a cadeira, a televisão, o baldinho, a geladeira e por aí vai), o rádio,

O cientista e o **executivo**

a internet... Inseríamos também alguns dados macroeconômicos, para ajustar os preços pela inflação. Dava muito trabalho, e dava erro. Um inferno de erros. Mas, o.k., arrumado o dado, você passa para a próxima fase. Depois da etapa de entender o problema, da etapa de coletar o dado e tratá-lo, vem a fase da modelagem.

Essa é a parte que os cientistas de dados mais gostam de fazer, mas, infelizmente, é a parte que o cientista de dados tem menos tempo para trabalhar. Por quê? Porque acabamos gastando muito tempo arrumando dados, muito tempo conversando com o cliente, muito tempo em reunião... E aí o tempo que sobra para a modelagem costuma ser comprimido. E essa é a parte que automatizamos. Depois que o modelo estava montado, geramos algumas simulações, alguns cenários. Se acontecer isso, acontece aquilo; se você aumentar o preço, se a inflação subir demais, se o concorrente investir mais em televisão do que você – e nós apresentávamos ao cliente esses cenários. Era tudo 100% consultivo, que é o foco do que viria a se chamar *advanced analytics*.

Fazendinha de modelos

Tratava-se basicamente de econometria. Hoje, no iFood, fala-se que o cientista de dados é 90% engenheiro e 10% estatístico, mas ali era o contrário, embora Sandor tivesse seus prazeres *geek* – àquela altura uma expressão já meio velha. Na época, tinham acabado de ser criados projetos como o Apache Hadoop, que oferecia softwares de código aberto para rodar dados em *clusters* de computadores comuns com mais velocidade. Sandor não sabia nada disso, mas havia lido o livro *Play money*,[14] que contava a história de uma "fazenda de computadores". Ela conectava CPUs para acelerar a mineração de uma moeda de *game*. Naqueles dias de "programação aprendida na rua", criou seu próprio *cluster*, sua "fazendinha de modelos", para rodar de maneira ainda mais rápida seu *modelator*, tanto para a Ambev como para outros clientes.

Com sucessos assim, a história ganhou novos movimentos, quando, mais cientista de dados que economista àquela altura, Sandor foi trabalhar na Praticare Data Science & Analytics, a subsidiária criada pela LCA para desenvolver ferramentas de *business intelligence e analytics* que

---

14 DIBELL, J. **Play Money**: or, how I quit my day job and made millions trading virtual loot. New York: Basic Books, 2007.

Um e outro cavalo de pau nas carreiras

pudessem ser aplicadas à tomada de decisão. O lugar certo para um programador.

Novas vidas, Nova Economia

Em 2011, com apenas 27 anos, Diego se tornou Diretor de Finanças da Construtora OAS – o sonho interiorano já caído de maduro de um filho doutor podia ser perfeitamente trocado por este, exercido em uma empresa que faturava 10 bilhões de reais por ano à época. Na verdade, a maturidade havia trazido para Diego a percepção de que a conexão com o Direito e com as finanças podia ser um diferencial em sua carreira. Foi assim que seguiu dando aula de Direito na Fundação Getulio Vargas (FGV) e, mais até, pôs-se a escrever seu primeiro livro.[15]

Da mesma maneira, descobrira que podia aprender muito, mesmo naquelas empresas que, em um futuro não tão distante, ele classificaria como Velha Economia.

> Fui para a OAS com a missão de ajudar a empresa a se organizar para atingir um novo patamar corporativo. Até então, ela era uma típica empresa de prestação de serviço, uma construtora familiar, com ciclo de capital simples, previsível, e eu fui chamado para estruturar a área financeira para a internacionalização, acesso ao mercado de capitais nacional e internacional, implantação de um novo **ERP** (um sistema integrado de gestão empresarial que organiza dados e permite melhoria de fluxos, além de dar visibilidade a processos completos), entre outras mudanças.
>
> Ao longo dos seis anos em que atuei na empresa, saímos do Brasil para 23 países. Também cheguei com o desafio de levar a empresa para o investimento em concessões, ou seja, para deixar de ser um prestador de serviços e passar a ser o dono de uma concessão, o que envolve um ciclo de capital muito mais longo, com bastante investimento, capital imobilizado e alavancagem.

Data science é uma área que utiliza conceitos e técnicas de matemática, estatística, computação e conhecimento de domínio para analisar grandes volumes de dados e construir produtos de impacto com IA. É um campo multidisciplinar que combina conhecimentos de diferentes áreas para resolver problemas complexos e tomar decisões informadas.

Data analysis é uma área que utiliza métodos estatísticos, matemáticos e computacionais para coletar, organizar, interpretar e comunicar informações contidas nos dados, em um processo que visa extrair conhecimento, identificar padrões, testar hipóteses e apoiar tomada de decisões baseadas em evidências.

Data engineering é a prática de projetar e construir sistemas para coletar, armazenar e analisar dados em larga escala. É um campo amplo, com aplicações em praticamente todas as indústrias.

---

15 BARRETO, D. *et al.* **Finanças aplicadas ao Direito**: Direito, gestão e prática. São Paulo: Saraiva Jur., 2012.

O cientista e o executivo

Nesse período, o meu dia a dia era estruturar a empresa internamente, definir os planos e convencer a administração sobre como executá--los. Isso resulta, por exemplo, em algumas emissões de *bonds* no mercado internacional. Captamos quase 3 bilhões de dólares em operações extremamente complexas, como *bonds* perpétuos, que é uma operação realmente muito difícil e rara de ser feita por empresas brasileiras.

Na empresa, também vivi minha primeira implantação de sistema – um ERP. E, pela primeira vez, também entrava em cena uma tecnologia mais hardware. Estamos falando de uma empresa de engenharia pesada, de máquinas, de tatuzão, de braços basculantes, e aquilo era tudo muito fascinante, mas, ao mesmo tempo, muito lento. Era evidente a dificuldade em escalar, replicar, criar. A máquina, se você não produz, é a mesma do seu vizinho. Não existe um diferencial muito grande nesse aspecto, então tudo se volta para a gestão. A OAS foi um lugar importante nesse sentido. As pessoas se movimentavam todas na mesma direção para entregar determinada meta, e isso demandava uma padronização, uma linearidade enorme. Tive lá meus seis anos de não viver a tecnologia digital. Ela foi ignorada nessas empresas. Apesar de no meu mundinho eu conseguir enxergar isso, fiquei muito limitado porque ali a tecnologia era mais hardware.

Ao fim desses seis anos, contudo, esse cenário mudaria para Diego, assim como ao fim dos cinco de Sandor na Praticare: do direito às finanças, da economia à ciência de dados, Diego e Sandor chegaram a 2016 já com iPhones no lugar de BlackBerries, esposas e filhos no lugar das namoradas e aportando de vez na Nova Economia. Um na Movile, outro no Nubank, os dois colocariam à prova, em novos trabalhos, a formação alternativa que trilharam desde que a universidade tinha se mostrado, cada uma à sua maneira, insuficiente para todas as inovações que aqueles anos haviam sinalizado.

capítulo 7

Abandonando a Velha Economia

Nos primeiros anos da década de 2010, tudo no mundo parecia diferente de quando os dois garotos pensaram em ser advogado e economista. No Brasil, o otimismo dava as cartas – em 2009, o Cristo Redentor decolava na capa da revista *The Economist*,[16] destacando um país que tinha transformado em marola o tsunâmi do estouro da bolha imobiliária nos Estados Unidos no ano anterior. Crescíamos após a crise global.

Havia novidades. Falava-se por aí de criptomoedas e blockchain – e de alguém que tinha conseguido pagar duas pizzas com bitcoins, em uma transação que em breve se mostrou uma das piores da história: cada pizza saiu por algo em torno de 500 mil reais quando as criptomoedas começaram a deixar o nicho nerd.

Falava-se de Netflix, que trocava o negócio de aluguel e venda de DVDs pela internet pelo streaming, pronta para acabar com as locadoras físicas. Falava-se de Amazon, que primeiro tinha revolucionado o comércio de livros no mundo inteiro para então iniciar seu serviço de hospedagem na nuvem, que viria a ser a sua principal fonte de receita.

Alguns já tinham trocado o SMS pelo WhatsApp; outros, o GPS pelo Waze e o táxi pelo Uber. Um bom número já rodava de bikes alugadas,

---

16 Referência à capa icônica da revista, na edição de novembro de 2009, sobre a situação do Brasil na época. A imagem transformava o Cristo Redentor em foguete para mostrar que a economia do país decolava.

O cientista e o executivo

ouvia música sem precisar comprar cada uma individualmente, encomendava – de comida pronta a roupas – tudo pelo smartphone. E todo mundo estava aprendendo um novo jeito de viver em sociedade.

Ainda na OAS, experimentando dias de glória profissional em um país que ia de vento em popa, Diego, contudo, estava inquieto. Tinha seus planos. Nas noites de 2011, "sentou a bunda" para estudar para o GMAT (*Graduate Management Admission Test*), requisito para aplicar para um MBA nas escolas de negócio no exterior. Era a formação que ele precisava sobrepor ao canudo de doutor advogado em seu currículo.

Aprovado nesse mesmo ano para um MBA nos Estados Unidos e outro na Inglaterra, encontrou resistência na OAS, que lhe ofereceu a promoção para Diretor Financeiro. Em 2012, passou de novo, mas trocou o curso pela promessa da empresa de pagar o estudo, desde que ele fosse adiado. Foi apenas no final de 2013 que Diego partiu para a IMD Business School, em Lausanne, na Suíça.

E foi um momento decisivo rumo à Nova Economia. Na soma das conversas que teve para ingressar em outros desafios, ele detalhava os pontos dessa transformação.

> O IMD permitiu que eu entendesse uma série de conceitos até então não evidentes para mim. A turma era formada por noventa pessoas, diferentemente dos MBAs americanos e alguns europeus que têm novecentos alunos. Quando o grupo é grande, você pode encontrar dez, quinze brasileiros e ficar confortavelmente no seu mundo. Mas, se está entre noventa pessoas de 42 nacionalidades, precisa lidar com as diferenças. Tem de se adaptar. Ao sentar com um ucraniano, um queniano, um norueguês, um chinês e um indiano, você vê o poder da diversidade. Esse tema foi muito forte.
>
> Outro ponto importante: a régua alta. O impacto é grande quando os professores são referências globais e você ainda é exposto a CEOs das maiores empresas do mundo, que saem de suas matrizes para dedicar tempo a ensinar o que sabem. Beber da fonte mais avançada, mais inteligente, mais elaborada é um choque positivo de sofisticação em termos de acesso à informação.
>
> No IMD desci aos aspectos sofisticados da técnica também. Virei noites modelando a demanda por bicicletas motorizadas em Bangladesh. Lá aprendi estatística de modo profundo, fazendo simulações que me permitiram tirar conclusões sobre o comportamento de cenários, acessando a incerteza e avaliando os riscos inerentes.

Abandonando a Velha Economia

Tive aula com Harry Markowitz, mais conhecido pela teoria moderna do portfólio, estudando os efeitos do risco, retorno, correlação e diversificação de ativos em uma provável carteira de investimentos, que lhe rendeu um Prêmio Nobel. A ideia central é que, ao combinar diferentes ativos com correlações variadas, é possível obter um portfólio mais eficiente em termos de retorno esperado *versus* risco. A correlação é uma medida estatística que descreve o grau de relação linear entre os movimentos de preços de dois ativos. Para calcular a combinação ótima de ativos, são utilizadas medidas estatísticas, como a matriz de covariância dos retornos dos ativos que fornece informações sobre as relações de risco e retorno entre os ativos.

> **Correlação** é uma medida de como duas variáveis estão relacionadas entre si. É usada para avaliar a força e a direção da associação linear entre elas.
>
> **Correlação espúria** é uma correlação estatística que ocorre por acaso ou por fatores confundidores. É usada para ilustrar a falácia de inferir causalidade a partir de uma simples associação entre variáveis. Por exemplo, na infância, o desempenho escolar é correlacionado ao signo do zodíaco, mas, na verdade, se deve à diferença de maturidade entre duas crianças, uma nascida em janeiro e outra em dezembro do mesmo ano.

Em outra dessas situações, que marcam minha paixão pelo poder dos dados, tive de virar algumas noites para poder trabalhar com um método estatístico – cujo nome de simulação é Monte Carlo – para estimar resultados de eventos complexos e aleatórios por meio de amostragem aleatória. Primeiro, recebemos um problema relacionado à produção de campos de petróleo, incluindo variáveis e parâmetros relevantes para o projeto em questão. Depois, desenvolvi um modelo matemático que representava o comportamento do fenômeno que impactava a produção de petróleo. Recorremos a equações físicas e estatísticas com uso intensivo de números aleatórios. Para isso, empregamos algoritmos geradores de números pseudoaleatórios que produzem sequências aparentemente aleatórias.

Por fim, a modelagem gerou um grande número de valores aleatórios para as variáveis do modelo a partir da distribuição de probabilidade associada a cada variável, levando em conta suas características e propriedades, o que chamamos de amostragem aleatória. Com as amostras aleatórias em mãos, cada conjunto de valores foi inserido no modelo matemático para calcular o resultado correspondente. Esse processo foi repetido várias vezes, gerando múltiplas realizações do modelo. Após obter um conjunto suficiente de resultados da simulação, foi possível realizar análises estatísticas para estimar o comportamento da produção dos campos de

O cientista e o executivo

petróleo, olhando para desvio padrão, distribuição de probabilidade, intervalos de confiança, entre outros.

Em termos de conteúdo, o MBA lá fora segue um padrão. Eles fazem um grande arco em administração e percorrem todos os temas pertinentes: finanças, operações, recursos humanos, tecnologia, estratégia, direito, entre outros. Tínhamos uma carga horária que ia das 8 horas da manhã às 5 horas da tarde todos os dias, parando só para o almoço. Depois, trabalhávamos em pequenos grupos de seis pessoas, como se fôssemos uma consultoria, de fato prestando assessoria para grandes empresas que nos contratavam. Íamos até meia-noite e ainda estudávamos, cada um por si, na madrugada. Tudo muito puxado, extremamente estressante.

O aprendizado mais importante foi sobre liderança. Eu descobri que um líder nunca é unânime. O ser humano tenta ser unânime, mas liderança é o contrário disso, é quebrar uma lógica e propor algo que nem todo mundo quer seguir.

Durante o ano, cada aluno tinha um mentor, um coach e um psicólogo que trabalhavam as questões táticas, as de estratégia e também as da mente. O que mais me marcou foi entender que eu tinha como traço de personalidade tentar ser o super-homem, fazer tudo para todos e ao mesmo tempo não desagradar a ninguém. Perceber isso me permitiu aceitar a vulnerabilidade e, como consequência, colaborar muito mais, ensinar e aprender muito mais, produzir muito mais.

Cada um tem seu lugar

A rotina de descobertas e aprendizados permanentes na Suíça era enriquecida pela presença do primeiro filho, o Fefê, ainda bebê, mesmo que em muitos fins de semana eles tivessem de ver Lausanne pela janela, tão cheio de tarefas do MBA estava o pai. A Suíça era um país maravilhoso, mas, Diego sabia, não era para ele.

Tudo ali é muito organizado, com um nível de respeito às questões individuais enorme, mas o que o país mais me ensinou foi que você só deve estar onde efetivamente pode contribuir. Sendo assim, não tenho como agregar, não sou a pessoa ideal para ajudar na construção da sociedade suíça. Uso esse exemplo para falar sobre

Abandonando a Velha Economia

> contratações por comportamento: não dá para construir a sociedade suíça com vários Diegos. Eles não servem para a Suíça.

E logo chegaria a hora de voltar ao Brasil – sociedade à qual Diego pertencia, repleta de solavancos maiores que os de um relógio cuco.

> Em 18 de novembro de 2014, estava voltando de Londres, onde tinha terminado um projeto de consultoria, para a Suíça. Entrei em um táxi amarelinho, indo para o aeroporto, abri a internet no iPhone e li: 32 executivos presos pela Operação Lava Jato, cinco deles da OAS. Naquele momento, toda a minha segurança desmoronou. Estava lá com o curso pago pela OAS, recebendo salário e a certeza de ter emprego garantido na volta. Quando vi a notícia das prisões, passei cinco dias tentando falar com as pessoas, mas ninguém atendia, todo mundo com medo de estar grampeado. Recebi ligações de amigos, até da família, querendo saber se eu poderia ser preso! É um choque ter a sua idoneidade colocada em xeque. Foi um momento tenso, e a volta ao Brasil, que tinha tudo para ser tranquila, virou um grande problema.

Quando o curso acabou, Diego pôde constatar ainda melhor os pés de barro dos gigantes da Velha Economia. De volta ao Brasil em 2015, viu a OAS pedir recuperação judicial na esteira dos desdobramentos da Lava Jato. Sua missão era conduzir a crise, mas já estava com a cabeça em outro mundo.

> Depois do tempo passado na Suíça, tudo estava diferente. Voltei para comandar a reestruturação da OAS em função dos impactos da Lava Jato, o que implicou a venda de ativos como o aeroporto de Guarulhos, a rodovia Raposo Tavares, duas arenas da Copa do Mundo, a Linha Amarela no Rio, entre outros, além da demissão de 40 mil pessoas. Também fiquei à frente do trabalho feito com a mídia. Todo o contato com jornais sobre as discussões financeiras e estratégicas da empresa foi liderado por mim. Só não tratei da parte penal.
> Os desafios eram enormes, a começar pela grande dificuldade em reter pessoas. Qualquer um que recebesse uma proposta naquele momento não ficaria em uma empresa envolvida com a Lava Jato. Foi então que comecei a ver os efeitos do IMD, em especial na questão de liderança. O IMD me ajudou a passar por esse processo.

O cientista e o executivo

Ao mesmo tempo em que navegava em uma das maiores tempestades que já atingiram o setor produtivo no país, Diego iniciou um trabalho de mentoria de startups. A ideia, seguindo os novos estudos, era entender melhor o comportamento de empreendedores e o tipo de gestão que poderia alavancar as empresas do futuro.

Com o amadurecimento da reestruturação da OAS o mercado se abriu, e seu próximo trabalho – uma passagem de um ano e meio pela Suzano Papel e Celulose – ofereceu um grande aprendizado a Diego: o fato de lhe mostrar que já operava em outra sintonia. A transformação para iniciar a jornada pela Nova Economia estava madura.

> O uso de dados foi uma espécie de *turning point* em minha passagem pela Suzano. Eu estudei o tema no IMD, mas, quando voltei, não tinha como discutir algo tão complexo em um momento tão conturbado da OAS.
>
> Na Suzano, pela primeira vez, pude fazer uma proposta nesse sentido. A ideia era criar uma modelagem de crédito baseada no conceito de *big data*, captando uma série de informações externas e internas que resultam em modelos com certo nível de predição para nos ajudar na tomada de decisão de crédito. Mas a Suzano não topou colocar recursos no projeto.

Big data é um conjunto de dados maior e mais complexo que necessita de ferramentas especializadas para facilitar seu gerenciamento e pode ser usado para resolver problemas que não seriam possíveis com dados tradicionais.

Foi uma decepção. Naquele momento, Diego percebeu o quanto já estava com a cabeça em outro mundo.

capítulo 8

Um cientista de dados, enfim

No ano do Brasil turbinado da *The Economist*, Sandor abraçava oficialmente a carreira de cientista de dados na Praticare, que começou acomodando o pessoal de *back end* e *front end* da LCA, além dos encarregados da automação do financeiro. Naquele momento, tudo ainda era regido pela natureza da empresa de consultoria.

Back end designa a parte da programação que lida com a lógica, o processamento e o armazenamento de dados de uma aplicação. O *back end* é responsável pela comunicação entre o banco de dados, o servidor e o *front end*.

Front end é a parte da programação que lida com a interface, o design e a interatividade de uma aplicação. O *front end* é responsável por apresentar os dados e as funcionalidades do *back end* de maneira visual e atraente para o usuário.

Ainda é uma ideia que existe em relação ao dado, ele ser consultivo. Funcionava assim: temos o dado, treinamos um modelo e fazemos uma sugestão para o cliente. A partir desse momento, lavamos as mãos, acaba a relação com o problema, a decisão passa para a pessoa que nos contratou.

Seguimos prestando o serviço de consultoria para a Ambev. Após a compra da Anheuser-Busch, fabricante da Budweiser, um dos principais trabalhos foi o cálculo de *marketing mix*, ou seja, o retorno de investimento em marketing para as marcas da empresa em dez países. Basicamente, trabalhamos estruturando todos os sistemas. Quando eu falo de sistemas, lembro que ainda havia bastante coisa em Excel nessa época, mas já tínhamos automatizado boa parte das estruturas para fazer projeções. E tudo precisava ser muito rápido.

O cientista e o executivo

> Outro projeto especial que apareceu foi de uma companhia aérea, um contrato para fazer precificação de assento em aeronave. Qual era a ideia? Em um avião, a intenção é ganhar o máximo possivel com o preço das passagens: se cobrar muito barato, os assentos se esgotam rapidamente, muito tempo antes do voo.
>
> O que se faz, então, é escalonar os preços, de modo que vão aumentando ao longo do tempo para atender a diversos grupos. Dá para começar cobrando caro, e compram aqueles que estão planejando férias com antecedência. Depois, ir baixando de pouco em pouco, subindo o preço no final, quando se sabe que uma determinada quantidade de assentos será ocupada por executivos em voos de última hora, pagos por empresas.

O projeto, portanto, consistia em modelar a demanda por assentos nesses diversos grupos de clientes da companhia aérea. Ao saber mais ou menos quantos clientes haveria para cada determinado grupo, era possível ajustar o preço dos assentos para tentar encontrar o melhor, o preço mais alto, dado que esses grupos pagariam pela viagem.

> Entre 2010 e 2013, achávamos que tinha alguma sofisticação nisso. Não havia sofisticação nenhuma. Era tudo feito manualmente, baseado no que o pessoal conhecia da época. Aquela história bem clássica: havia um time operando o preço de assento, nada automatizado. O trabalho era baseado em um grupo de pessoas que fazia sempre do mesmo jeito.
>
> Entramos com um processo automatizado e mudou tudo. A regra do jogo não era mais qual preço quero cobrar, e sim quantos aviões eu tenho e com qual número máximo de assentos vazios posso correr o risco de voar. Se eu cobrar muito caro, muito mais caro do que deveria, eu vou voar com vários assentos vazios. Se eu cobrar muito barato, eu vou voar cheio, mas ganhar pouco.
>
> No caso de cobrar muito barato e voar cheio, o dinheiro fica em cima da mesa. No caso de cobrar muito caro e voar vazio, eu também deixo o dinheiro em cima da mesa. Então, é preciso encontrar um preço que equilibre tudo isso. Talvez seja voar com alguns assentos vazios, porque estou cobrando caro o suficiente para pagar por isso. Esse era o grande objetivo. Nem sempre a companhia quer voar com a aeronave cheia, mas cobrar um pouquinho mais caro. E tem de equilibrar perfeitamente a oferta e a demanda.

Um cientista de dados, enfim

> De novo, era um projeto bastante técnico, em que basicamente eu tinha de tocar a parte de algoritmos para fazer o negócio funcionar, construindo um motor. Nesses projetos, do que precisamos para fazer a coisa funcionar? É algo que adoro: um sistema de equações bem completo, que indique um preço ótimo para cobrar em um determinado momento de tempo. Eu tinha um time para criar o sistema de visualização. Eles me ajudavam a colocar as equações de frente para o cliente. Mas o recheio era algo que ficava comigo.

A Praticare estava instalada em um casarão no Pacaembu, um lugar espetacular para trabalhar, mas cheio de inconvenientes. Primeiro, tinha a associação de moradores, que não permitia que a empresa mantivesse um gerador no local – não podiam estocar diesel de jeito nenhum no bairro. Para manter o servidor funcionando, foi preciso investir em um *nobreak*, uma baleia branca gigante que exigia uma infraestrutura que a casa não tinha.

> Naquela região, quando chovia um pouquinho, acabava a energia. Às vezes, eu estava supercompenetrado em um problema que nunca havia sido resolvido, e então caía a energia. Lá dentro, o pessoal perdia o trabalho. E eu precisava explicar para a diretoria o que tinha acontecido e o que havíamos feito para recuperar. Eles queriam uma estimativa de tempo; era só ligar para a Eletropaulo para descobrir, mas não. Era uma encheção de saco de outro mundo, foi um tempo odioso da minha vida.
>
> Eu cuidava de algumas coisas na Praticare das quais jurei nunca mais cuidar. Como, por exemplo, segurança da informação. É um poço sem fundo de desgraça, porque tudo pode dar errado. É preciso ter redundância para tudo.
>
> Outra coisa infernal é cuidar de servidor. Ainda bem que existe a tecnologia de *cloud* hoje, para eu nunca mais precisar pensar em servidor na vida. A pior coisa que existe é negociar um servidor com grandes como IBM, Dell... Isso sem falar de tudo o que era necessário para mantê-lo funcionando.
>
> Odioso também era trabalhar com migração de sistemas de ERP, que é basicamente um sistema contábil, só oferecido naquela época por duas ou três empresas. A implementação foi uma das experiências mais horríveis pelas quais eu passei. O negócio era ridículo porque existia uma pressão para baixar custos na contratação, o que fazia

O cientista e o executivo

> com que as horas do projeto fossem tão apertadas, que eu gastei incontáveis outras horas negociando correções com horas extras. Então, se você achava que ia gastar 5 milhões de reais na implementação de um sistema, acabava gastando 10 milhões de reais. Foi assim que aprendi que esse sistema de planejar projetos é o pior do mundo.

Não bastasse a implementação, Sandor fez duas atualizações desse sistema nos dez anos que passou na LCA-Praticare. Nas duas, deu errado.

> Acho que éramos do tipo sádico e masoquista. Meu chefe na época era o sádico. E eu, o masoquista.

A sorte é que Sandor, no novo trabalho que havia entrado em sua mira, não mais precisaria se preocupar nem com a energia elétrica, nem com sistemas contábeis.

capítulo 9

O Nubank e a Ingresso Rápido

Em 2013, uma nova capa da *The Economist* mostrava o Cristo Redentor desgovernado sobre o Corcovado, com a pergunta se o Brasil tinha "estragado tudo". A própria revista deu a resposta em 2015, com uma passista de escola de samba presa em um lodaçal, e voltou à carga no ano seguinte, com o mesmo Cristo segurando uma plaquinha de SOS.

O aprendizado na Suíça, a volta ao Brasil e o turbilhão em que estavam mergulhadas não só a OAS, mas todas as grandes empreiteiras e as empresas "campeãs nacionais" acarretaram, claro, consequências para Diego. A questão central era o que o Brasil precisava fazer para sair vencedor em um novo mundo que, de fato, se tornara bem complexo.

Nessa discussão, o tema da produtividade é recorrente, assim como o da tecnologia e, especialmente, o da tecnologia digital, que não era tão conhecido na época. WhatsApp não era usado por todo mundo, Instagram mal existia. Tudo estava sendo construído nessa fase. Quando eu volto ao Brasil, começo a ver nos jornais empresas como a 99, o Peixe Urbano, o iFood, a Movile e muitas outras.

Toda essa movimentação me chamou muito a atenção. Eu me aproximei do mundo das startups para aprender e pensei: será que isso é a Nova Economia do Brasil? Foi então que aceitei uma proposta para trabalhar na Ingresso Rápido recebendo apenas 40% do salário que tinha na Suzano. A decisão foi motivada por uma visão de

O cientista e o executivo

futuro. Eu percebi que o Brasil seria cada vez menos um país só de commodities e, sendo assim, precisava me preparar, entender essa nova realidade.

O meu papel mudou radicalmente quando troquei a Velha pela Nova Economia. Primeiro, em relação à proximidade com o negócio. Na Nova Economia, você trabalha a digitalização de processos de modo muito forte, para que, efetivamente, tenha mais tempo de estar próximo e ajudar na tomada das melhores decisões. Na Velha Economia, isso não acontece. Determinado trabalho sempre será feito da mesma maneira, porque não existe essa visão de colocar recursos na digitalização da estrutura da empresa, no **back office**.

Segundo ponto em que diferem os dois mundos é a questão do uso de dados. Na Nova Economia, as empresas são muito orientadas por dados na tomada de decisão. O processo de organização, de segmentação, o uso de ferramentas para transformar os dados em informação, em inteligência, é bem mais profundo, é diário.

E ainda tem a questão da estratégia. A discussão de opções para a tomada de decisão é muito mais constante nas empresas da Nova Economia, pois, ao se desenvolver tecnologia proprietária, aumentam-se logo as chances de ter vantagem competitiva – afinal, o fato de ser o único a comprar uma máquina para determinado trabalho não dá uma vantagem competitiva ao longo do tempo, como pensa a Velha Economia.

> **Vantagem competitiva**
> e o que faz os produtos ou serviços de uma empresa mais desejáveis do que os de seus rivais. É o resultado de fatores que permitem a empresa produzir bens ou prestar serviços melhores ou de modo mais barato do que seus concorrentes. A vantagem competitiva pode ser baseada em diversos fatores, como custo, diferenciação e foco, por exemplo.

Veja, em 2017, quando eu estava na Ingresso Rápido, nós criamos uma hipótese de que empresas do setor de milhas aéreas poderiam ter interesse em uma empresa que vende eventos. Isso veio da análise de dados. Vimos que muitas pessoas compravam ingressos com certa frequência quando estavam em trânsito, viajando. Até então, nunca havíamos imaginado encontrar no turismo um modo de tornar a venda de ingressos mais forte.

Isso mudou radicalmente o nosso destino. Criamos uma plataforma que integrava dois mundos como ninguém havia feito. Firmamos uma parceria com a Smiles, a principal empresa de milhas na época, cujo resultado financeiro foi responsável por 20% da nossa receita no ano. Toda a ideia surgiu a partir da análise de dados e

O Nubank e a Ingresso Rápido

se transformou em uma discussão estratégica proposta pelo time financeiro. É difícil ver áreas financeiras tendo impacto de negócio nessa dimensão em empresas da Velha Economia.

Chega de terno e gravata

No dia da entrevista de emprego no Nubank, a primeira coisa que chamou a atenção de Sandor foi o número de pessoas usando All Star. Aquilo foi um choque para quem, com três estágios em bancos tradicionais e uma consultoria, tinha se acostumado com formalidades e chatices, não com pessoas trabalhando de bermuda, camiseta e All Star. Harley, que havia trabalhado a vida inteira como advogada em banco, ficou horrorizada.

Não foi o único choque. Quando entrou no Nubank, Sandor não foi liderar máquinas, mas, sim, gente, o time da ciência de dados. Eram quatro pessoas antes da sua chegada, e todas devidamente avisadas: preparem-se para crescimento exponencial. Tudo o que Sandor tinha vivido até então como consultor na LCA e na Praticare foi posto em xeque.

Fui colocado em contato com um ex-VP de engenharia da Netflix e ex-CDO (*Chief Data Officer*) do Groupon, um cara chamado Mark Johnson, que virou o meu mentor lá dentro. Foi ele quem me deu um choque de realidade sobre o que é trabalhar em uma empresa de tecnologia em crescimento exponencial.

Tudo estava por fazer, era uma empresa que crescia mais rápido que os sistemas conseguem evoluir. Toda manhã tinha gente nova no time – e era com eles que eu gastava o meu tempo, entrevistando, contratando, monitorando os novatos, os meus liderados diretos. Eu era o homem da pá. O homem da pá é aquele que fica tirando o lixo da frente do time. Se tenho um time composto de muitos talentos e consigo desbloquear o caminho para que eles voem, o sucesso é garantido.

Eu ainda tentava gastar pelo menos um quinto do meu tempo com o trabalho técnico. De vez em quando, conseguia sentar-me para escrever modelos. Construímos diversas ferramentas para facilitar nossa vida. Todo mundo se ajudava, compartilhava conhecimento. Toda quinta-feira à noite, por exemplo, discutíamos um artigo acadêmico, e uma vez por mês acontecia o *meet-up*. A ideia era criar

O cientista e o executivo

uma comunidade de cientistas de dados. Começou pequenino, era difícil até achar pessoas para palestrar – então, nós mesmos fazíamos a maior parte das apresentações.

Outra diferença impressionante era a quantidade de dados produzidos e como os sistemas estavam estruturados para que todos tivessem acesso a eles. Excel e PowerPoint, que eram duas ferramentas da vida de um consultor, haviam sido abandonados ali.

Tudo era em código, e tudo nos notebooks da empresa, que eram usados para gerar e rodar códigos, observar e trabalhar os dados. Pensem em uma apresentação feia! Porque elas eram feitas em blocos de código, que não são compatíveis com as telas de PPT. Dos gráficos, então, nem vou falar, também eram gerados por código, uma coisa horrível! Mas que funcionava maravilhosamente.

Harley brincava de ficar horrorizada com isso também, porque já havia ficado muito claro que Sandor tinha encontrado seu meio, do All Star no pé ao código na cabeça para fazer o gráfico das novas contas abertas.

Era uma cultura sendo construída. Nas entrevistas, muita gente queria saber: será que o Nubank vai vingar? Os balanços não mostravam aquela lucratividade monstruosa que os bancos têm, ao contrário. E eu explicava que o modelo de negócio era diferente, um modelo baseado em crescimento.

Outra diferença marcante era o ambiente, que estimulava igualmente o crescimento individual no time de ciência de dados e machine learning. Um aspecto legal dessas carreiras é que elas são baseadas em círculos de influência: quando alguém chega, não influencia porque não sabe nada, precisa de ajuda para tudo.

Mas logo cresce e passa a influenciar outros a sua volta, os novatos, os estagiários. Evoluindo mais, vai ser ouvida pelo time inteiro e influenciar não só o pessoal da ciência de dados, mas o negócio como um todo. E isso acontecia muito no Nubank, e uma pessoa se tornava tão reconhecida no mercado, que atraía outros talentos.

Pronto para decolar

Com 60% a menos nos vencimentos mensais na Ingresso Rápido, Diego vivia as contradições que nascem em época de grandes transformações

O Nubank e a Ingresso Rápido

e seus impactos. Desde o momento em que tinha se decidido pelo MBA, nenhuma empreiteira havia escapado da lavagem de roupa suja. A lavanderia juntava as manifestações e os conflitos de rua de 2013, a Copa de 2014 e seus 7 a 1, as Olimpíadas de 2016 no Rio de Janeiro e o impeachment da presidente Dilma Rousseff. Tudo isso com as contas públicas com um rombo recorde.

À parte o cenário, contudo, era um momento em que as recém-criadas startups se capitalizavam, contando uma história paralela aos trágicos indicadores macroeconômicos. Em junho daquele 2016, a Movile receberia um aporte de 40 milhões de dólares, em uma rodada de investimentos liderada pela Naspers Ventures e pelo fundo Innova. Com empresas e serviços como Ingresso Rápido, PlayKids, Apontador, Maplink, TruckPad e iFood, a Movile anunciava um investimento de 300 milhões de reais em aquisições, fusões e aportes ao longo dos dois anos seguintes. No horizonte, o plano era o mesmo do Nubank: crescer, e rápido.

No final de 2018, o crescimento mostraria a sua cara: o iFood receberia mais 500 milhões de dólares. O dinheiro contemplaria investimentos nos pilares logística, marketing, fusões e aquisições e... inteligência artificial. E quem cuidaria desse dinheiro seria Diego.

Eu estava na Ingresso Rápido e, convidado pelo Fabricio, recebi o desafio de preparar o iFood para uma injeção de capital que seria na época a maior injeção da história da América Latina em uma startup. Fizemos um levantamento de 500 milhões de dólares, algo que nem o iFood nem ninguém aqui até então tinha feito.

Quando uma empresa recebe uma quantia assim, ela precisa ir para outro patamar de controle, tanto em termos sistêmicos como de processos decisórios. E especialmente nessa questão, *data* é muito importante. É fácil você gastar um dinheiro desses de um dia para o outro com decisões erradas. Então, o nível de sofisticação na análise precisa subir 500%.

Do ponto de vista do controle, o meu papel inicialmente era preparar o iFood para ter responsabilidade com esse dinheiro e também instituir um processo decisório que nos garantisse a capacidade de tomar a melhor decisão para investir aquele montante.

O cientista e o executivo

Hora de partir

Em novo endereço naquele 2018, Sandor já trabalhava com outro nível de sofisticação na relação com o dinheiro – no caso, aquele que o Nubank disponibilizava para seus clientes.

> Nosso grande objetivo era automatizar praticamente tudo o que fosse possível no processo de tomada de decisão. Porque o Nubank é uma empresa que vive de crédito, que vai ser remunerada quanto mais o cliente usar o cartão liberado para ele sem dar calote. Portanto, quanto mais o cliente usar o cartão de crédito, melhor, só que, se der calote, a instituição perde tudo.
>
> É basicamente um problema de assimetria de informação: quanto mais eu conheço você, mais posso confiar em você; quanto mais confio em você, mais dinheiro posso emprestar. Para minha mãe, eu posso emprestar tudo, porque sei que ela vai pagar; para um estranho na rua, empresto muito menos.
>
> O que estávamos tentando fazer a máquina aprender é: qual é a chance de essa pessoa pagar ou não o crédito recebido. Havia macetes para isso. O Nubank possui um processo de convite em que correntistas podem indicar outros. Ora, minha mãe sempre disse: "Diga-me com quem andas e te direi quem és". Então, é assim: quanto mais próximo de um bom pagador, mais confiável um cliente se torna. E vice-versa.
>
> O modelo dizia qual era o risco – e o tomador de decisão diria se queria ou não correr aquele risco. Tentávamos prever quanto a pessoa gastava para ajustar o limite dela, qual a chance de ela atrasar. Se ela entrasse em contato com o banco por qualquer coisa, nós já tínhamos uma ideia do problema.
>
> Então, nosso objetivo era construir esses modelos que iam aprender sobre os clientes e tomar uma decisão: aprovar ou negar um cartão de crédito, aumentar o limite, resolver um problema ou pelo menos guiar os clientes na resolução de problemas.
>
> O nosso tempo era todo gasto nisso, em aprender como modelar, transformar essa ideia em equações e treinar os algoritmos. Nós precisávamos colocar essas equações para rodar e monitorá-las agressivamente. É um banco, não dá pra fazer muitas estrepolias: se um modelo desses quebra, deixa de funcionar, corremos o risco de o próprio banco quebrar antes de descobrir por que o modelo está indo mal.

O Nubank e a Ingresso Rápido

Era essa mesma dificuldade que se repetiria, em breve, no iFood: havia um tempo de apagão dos dados, em que não era possível mensurar a eficiência do modelo – se está ou não barrando em número suficiente os caloteiros ou golpistas. Por isso o monitoramento era essencial.

> Nós tínhamos *skin in the game*, como dizia o Nassim Taleb.[17] *Skin in the game* é o seguinte: se o modelo, rodando, der errado, a culpa é nossa; se der certo, culpa nossa também. Era um processo que não acabava na entrega do modelo – era vivo.
>
> Nós treinávamos o modelo, que aprendia se as pessoas iam pagar ou não. No começo, valia só para quem sabíamos que era bom pagador, o resto dos pedidos de cartão de crédito seguiam para a fila de espera. Com o uso do cartão, atualizávamos o modelo, que ficava melhor, e podíamos incluir alguns que estavam na lista de espera. Com mais dados, treinávamos novas versões do modelo, que ficava melhor e aprovava mais gente.

Não era exagero dizer que o sucesso do Nubank a partir de então se deu por conta do sucesso desses algoritmos. Tirando o começo do banco, praticamente todos os clientes com crédito aprovado pelo Nubank passaram por esses modelos em revolução permanente.

> Girando isso algumas vezes, nesse processo automatizado, crescemos mais de dez vezes. É um caso de crescimento exponencial, feito no que eles chamam de *flywheel de dados*, ou seja, o círculo virtuoso do uso de dados.

Do ponto de vista pessoal, contudo, o crescimento tem consequências inesperadas. Sandor estava inquieto novamente com a vida. No começo, pequenina, a fintech ocupava apenas um andar do prédio, e Davi Vélez, o CEO, se sentava perto de todo mundo. Havia muita liberdade para realizar testes de ferramentas novas, experimentar, e levava cerca de dois meses para colocar um modelo novo no ar. Era uma época em que todas as decisões que o time de IA tomasse podiam quebrar o banco ou fazê-lo florescer.

---

17 TALEB, N. N. **Arriscando a própria pele**: assimetrias ocultas no cotidiano. Rio de Janeiro: Objetiva, 2018.

O cientista e o executivo

Esse dinamismo, contudo, foi se perdendo quanto mais o Nubank crescia e virava, enfim, banco. E quanto mais virava banco, mais as entregas do time desaceleravam. Eram mais auditorias, regulações e compliances, o Banco Central segurando o ritmo de tudo. Nos últimos tempos, Sandor gastava mais tempo com o Diretor de Risco explicando como o modelo funcionava do que colocando modelos para rodar, que passaram a demorar até um ano para ir ao ar, em meio a todos os alinhamentos. O trabalho, que no início era quase puramente científico – isto é, de desenvolvimento de código para a construção de produto –, se tornou um rosário de reuniões. Ademais, o número de aplicações em machine learning, que é o que ele adorava fazer, era muito limitado. Havia poucos produtos. Um tédio.

Quem quer cupom?

No seu endereço, Diego aprendia na prática como um diretor financeiro tinha um papel crucial em uma empresa de tecnologia. E quanto mais fundo ia, mais descobria a importância dos dados.

Quando recebemos os 500 milhões de dólares, um dos destinos desse dinheiro era criar o ativo logístico do iFood, que é a estrutura de entrega da comida na casa das pessoas. Um segundo ponto era promover crescimento acelerado, para que a empresa pudesse ser competitiva contra unicórnios estrangeiros, que chegavam naquele momento extremamente capitalizados e com uma cabeça de crescimento a qualquer custo.

É muito fácil você tomar decisões para tentar vencer a competição via força bruta, ou seja, pelo capital. Mas essa é uma vitória de curto prazo. A vitória de médio e longo prazos é sustentável, baseada em decisões que permitem ter um ótimo serviço, com uma boa base de clientes recorrentes, que tornam sua empresa sadia.

Mas a alocação do capital é algo bastante complexo. Naquele momento, se falava muito em cupons. O cupom é resultado da intenção de gerar uma experiência para que a pessoa possa conhecer o seu serviço, e só se paga se você puder prever de algum modo o comportamento do cliente: como saber se ele vai voltar com certa frequência sem o hábito do cupom? Se não voltar, a operação se torna deficitária.

Por exemplo: pense em um cupom de 20 reais. O cliente compra uma comida de 50 reais, o iFood recebe 15% disso, ou seja, 7 reais e 50

O Nubank e a Ingresso Rápido

> centavos. Se eu focar só o cupom, já tenho uma operação deficitária. É uma discussão muito complexa. Só é possível tomar uma decisão dessas em escala se existir o retorno desse dinheiro baseado em uma predição do comportamento do usuário.

Uma maneira mais técnica de explicar o cupom é pensar em LTV.

- LTV significa *Lifetime Value*, ou seja, o valor que um cliente gera para a empresa durante todo o tempo em que ele usa o produto ou serviço dela. Por exemplo, se você usa um cartão de crédito há dez anos e paga uma taxa de anuidade de 100 reais por ano, além de juros e outras tarifas, o seu LTV para a empresa do cartão é a soma de tudo isso, descontados os custos associados.
- As empresas usam o LTV para saber quanto elas podem investir para atrair e manter os clientes. Se a empresa sabe que o LTV médio de um cliente é de 2 mil reais, ela pode oferecer benefícios, descontos ou promoções que custem menos do que isso para conquistar ou fidelizar o cliente. Assim, ela garante que ele vai gerar mais valor do que custa para a empresa.
- O LTV também ajuda as empresas a segmentar os clientes em diferentes grupos, de acordo com o seu potencial de geração de valor. Por exemplo, se a empresa identifica que os clientes que usam mais o cartão de crédito têm um LTV maior do que os que usam menos, ela pode criar estratégias específicas para incentivar esse comportamento, como oferecer mais pontos, milhas ou *cashback*.

Era importante que as decisões fossem "LTV positivo", ou seja, que a decisão de gastar 20 reais em um cupom tivesse como retorno um valor maior do que 20 reais em LTV. O exemplo mais fácil de imaginar é um cupom de 20 reais para você experimentar o iFood. Se a empresa oferecer esse dinheiro e perder tudo no primeiro pedido, mas você voltar amanhã e depois e depois, tornando-se um cliente fiel, não tem problema.

Decisões de LTV não necessariamente precisam ser no nível individual. O iFood pode, por exemplo, fazer uma campanha para estimular pedidos no almoço de segunda-feira, perdendo dinheiro em alguns clientes, mas estimulando a carteira inteira a adquirir um novo hábito.

O cientista e o executivo

Por isso a predição baseada em dados era, também no iFood, fundamental. Sem as melhores ferramentas de inteligência artificial, a diretoria financeira lançava mão de suas próprias equações para testar esses
movimentos, com certa capacidade de predição. Mas o nível de competição do mercado brasileiro pedia mais – mais tecnologia, mais inteligência,
mais automação.

Havia chegado a hora de completar a evolução do iFood em uma
empresa baseada em inteligência artificial e cada vez mais automatizada.
Hora de ir atrás de um novo time de profissionais.

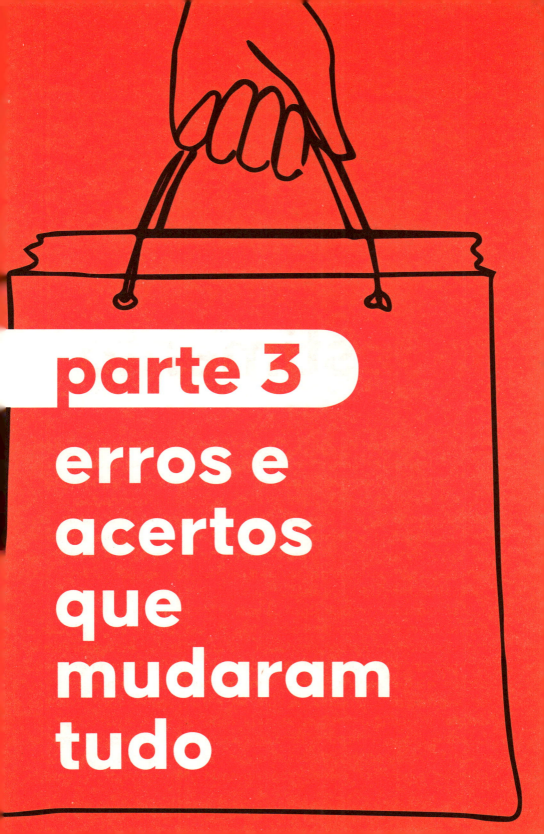

capitulo 10

Visão, liderança e um grande investimento

Naquele ano de 2018, o iFood sabia que a arquitetura de sua plataforma precisava ser ampliada. Não tinha flexibilidade e escalabilidade necessárias para um negócio que vinha crescendo 140% por ano e queria se manter competitivo em um mercado cada vez mais disputado. Por isso, o investimento em um sistema mais ágil, automatizado e sustentável era imprescindível, e os 500 milhões de dólares captados no aporte do final de 2018 ajudariam a montar essa história. A perspectiva era chegar com o serviço a mais de mil cidades. Isso significava atingir 300 mil entregadores e 300 mil restaurantes.

As metas eram ambiciosas, e a primeira tarefa era criar uma visão que fizesse parte da cultura do iFood e fosse capaz de inspirar e engajar a todos no caminho que começaria a ser trilhado. Rapidez era indispensável. O primeiro passo foi dado em julho, com a chegada de Stecca, transferido da Movile, controladora do iFood. Era um sinal público de que a *holding* apostava na contínua evolução, com alvo em engenharia, modularização e plataformização, além da adição da inteligência artificial nas competências do iFood – grande passo para agregar maior agilidade à organização.

Em 2004, Stecca havia completado o mestrado em Ciência da Computação e ingressou como estagiário na Movile – na época chamada

Visão, liderança e um grande investimento

Compera, uma empresa pequenina com não mais que vinte pessoas. Era um tempo em que a internet mal rodava no celular, mas Fabricio vislumbrava o futuro do mundo hiperconectado pelos dispositivos móveis. De lá até 2018, percorrendo toda essa evolução, Stecca chegou ao carro-chefe do grupo em um momento decisivo. "Minha primeira impressão foi que o time de *tech* estava muito subdimensionado em relação aos planos ambiciosos que o iFood tinha", ele lembra. "Era difícil até elencar prioridades, porque o terreno era muito fértil, o negócio como um todo era bastante promissor, tendia a continuar crescendo".[18]

Mover-se rápido, contudo, era essencial. Na cultura do iFood, nunca houve espaço para meses de planejamento, centenas de planilhas Excel e outras tantas horas desperdiçadas em apresentações de PowerPoint para resolver que decisão tomar. O trabalho ali sempre consistiu em compreender o que estava acontecendo, elencar prioridades e reunir as pessoas adequadas – na área técnica e na gestão – para que, de maneira muito rápida, dessem respostas para os dilemas que surgiam ao longo da jornada disruptiva.

Todd Jick, professor da Harvard Business School, ensina[19] como lidar com um desafio da magnitude que o iFood tinha diante de si naquele momento. Exigia muita energia e requeria do gestor um duplo empenho – tanto para criar as condições para que as pessoas mergulhassem na mudança em curso como para estimulá-las a se sentir confiantes para aceitar as transformações que viriam em seguida. A cultura entra como um dos pilares do sucesso.

Foi assim que nasceu o Projeto LEGO, capitaneado por Stecca, cuja vantagem adicional era ter trânsito em negócios. Com o crescimento do iFood, tratava-se de automatizar os processos de ponta a ponta em um sistema mais modular. A empresa, no estágio em que estava, era monolítica como um carro: se quebrava a bomba de gasolina ou se um pneu furava, a coisa toda parava. Os microsserviços, com alto nível de automação, eram essenciais para o projeto de expansão da operação em todo o território nacional. No caso de acontecer uma falha em pagamentos, por exemplo, a área precisava ter um sistema inteligente, capaz de ser rápido na resposta e não inviabilizar o negócio todo.

Foi extremamente importante "fatiar" os sistemas. "À medida que uma empresa vai crescendo, é preciso intencionalmente 'silar' algumas

---

18 Flávio Stecca em entrevista concedida aos autores no dia 11 de abril de 2023.

19 JICK, T. D. Implementing change: note. **Harvard Business School**, 22 abr. 1991. Disponível em: https://hbsp.harvard.edu/product/491114-PDF-ENG. Acesso em: 13 ago. 2023.

O cientista e o executivo

peças – o que pode ser visto como um contrassenso em algumas organizações, que gostam do 'todo mundo junto'. Mas tratava-se de dividir um problema que estava ficando grande demais em problemas menores; tratava-se de quebrar o monolito iFood em domínios diferentes, com independência entre eles, para inclusive ter a capacidade de investir mais ou menos em áreas diferentes", diz Stecca.

Em uma palavra: LEGO.

Outro benefício bem importante é que uma arquitetura de microsserviços também permite usar diferentes tecnologias e linguagens de programação para cada parte, de acordo com as necessidades e preferências dos desenvolvedores. Assim, é possível aproveitar o melhor de cada ferramenta e ter mais flexibilidade e criatividade. E traz vantagens adicionais:

> **Arquitetura de microsserviços** é um estilo arquitetural de desenvolver aplicações. Microsserviços permitem que uma grande aplicação seja separada em partes menores e independentes, com cada parte tendo sua própria responsabilidade.

- **Talento:** não se fica limitado a um tipo de tecnologia apenas. As contratações podem, portanto, ser feitas pelo talento da pessoa, não porque ela programa na linguagem X, Y ou Z. E talentos também gostam de trabalhar com as tecnologias mais "legais" ou "da moda";
- **Velocidade e *skin in the game*:** a possibilidade de os times plugarem e desplugarem novos produtos nessa arquitetura permite que sejam muito mais autônomos e entreguem mais em menos tempo.

A ameaça dos forasteiros

A pressão era grande. Unicórnios do delivery estrangeiros chegavam ao Brasil, trazendo muito dinheiro, em vários momentos gastos de modo irracional, algo que nunca fez parte da cultura do iFood. Rappi, Glovo e Uber Eats introduziam modelos com a logística incluída no serviço – o chamado 1P. O iFood ainda estava no estágio de basicamente conectar o restaurante ao consumidor, sem ter controle sobre a entrega, limitado a ser um marketplace – o modelo 3P. Mas o jogo mudaria radicalmente, impactando na qualidade do serviço. No modelo 3P, o consumidor não tem como rastrear a entrega, ou seja, não pode se programar – tomar banho, esperar convidados – para receber sua comida.

Diego explicava bem a magnitude do movimento.

Visão, liderança e um grande investimento

Há um grande efeito na oferta também. Restaurantes menores, com um volume de pedidos insuficiente para justificar a contratação de um entregador próprio, podem ingressar no serviço com o modelo 1P, deixando o delivery a cargo de um entregador parceiro do iFood. A plataforma pode disponibilizar alguém nas poucas vezes em que esses restaurantes são requisitados. Uma pizzaria de bairro, por exemplo, cujo pico de pedidos acontece só no sábado à noite, pode passar a oferecer um serviço de delivery apenas nesse dia, com um custo mínimo, enquanto a plataforma segue crescendo em oferta, absorvendo esses restaurantes.

É um círculo virtuoso, com ganhos em escala: com mais restaurantes na plataforma, mais barata e sustentável fica a operação, e abre-se o caminho para atrair mais consumidores. O barateamento permite ainda criar estratégias como o uso de cupons. Como já explicamos, embora muita gente ache que cupom é coisa de empresa moderninha cheia de dinheiro para gastar, o objetivo de usá-los é bem claro: cupons contribuem para a criação de hábito do consumidor, o que ajuda na fase em que o ativo logístico está sendo construído.

Outro ponto do modelo 1P: quando a logística é feita dentro de casa, a rastreabilidade do pedido ocorre em tempo real, melhorando sistematicamente o serviço, pois você passa a ter dados. O próximo passo natural é ampliar a área de atuação. São movimentos que geram um ativo natural e trazem para o primeiro plano a inteligência artificial, que é a ferramenta que vai dar um nível de escala, profundidade e variedade de informação necessários para a ampliação do negócio. Ao investir nisso, o iFood não estava meramente se defendendo da concorrência, estava construindo um ativo em que 99% das empresas brasileiras levariam pelo menos cinco anos para começar a pensar.

> **1P (First Party)** refere-se a um modelo de negócio em que o marketplace de *food delivery* faz o esforço de venda e oferece o serviço logístico por meio de sua plataforma. Nesse caso, o marketplace é responsável por todo o processo: atendimento ao cliente, envio do produto e suporte pós-venda.
>
> **3P (Third Party)** refere-se a um modelo de negócio em que o marketplace de *food delivery* atua como intermediário entre vendedores e clientes. Nesse caso, apenas fornece uma plataforma para que vendedores externos possam listar e vender seus produtos aos clientes. Os vendedores é que são responsáveis pelo envio do produto, enquanto o marketplace geralmente cobra uma taxa ou comissão pelas transações efetuadas.

E isso tudo já estava claro quando, em outubro de 2018, o iFood decidiu buscar Bruno Henriques, conhecido no mercado por lidar com situações complexas – havia desbravado com sucesso o mundo do e-commerce na

O cientista e o executivo

Kanui, um negócio que mais tarde se tornaria parte da Dafiti. Entrou pela Movile, mas acabou seduzido pelo projeto do iFood, onde assumiu a Vice--presidência de inteligência artificial. O que ele conhecia de IA? Não muito, mas tinha a experiência da Kanui, muito baseada em dados.

Missão aceita, ele começou a estudar o assunto quando pouca gente no Brasil estava prestando atenção. Viajou para a China e visitou diversas empresas para entender o que era IA e, principalmente, como implementar essa tecnologia com sucesso, ou seja, como poderia ganhar tração e não ficar perdida no iFood. Naquele momento, Stecca já vinha liderando passos importantes em *data* e preparando a empresa para o mundo de IA, mas a decisão foi colocar a sua genialidade em engenharia, estabilidade da plataforma e desenvolvimento de logística.

Foi nesse momento que se percebeu o peso simbólico que a criação da VP de IA trazia. Era uma mensagem clara para toda a companhia sobre a importância dessa evolução. Bruno seria o cara que, dada a meta, iria engajar as áreas, em um trabalho de convencimento, para liderar a empresa nessa nova realidade. "Na época, as pessoas achavam que IA era mais uma daquelas novidades que logo iriam morrer", ele lembra. "Mas eu, que já tinha testado o poder dos dados, entendia que uma empresa como o iFood, que quer escalar e gerenciar milhões de informações ao mesmo tempo, precisava abraçar esse caminho. Era o que daria sustentação para o negócio".

E por que apostar em dados era algo tão importante? Diego lembra como *venture capitalists* pensam:

> Tom Perkins, lenda do *venture capital* e um dos fundadores da Kleiner Perkins,[20] cunhou a Lei de Perkins, que diz que o risco de mercado é inversamente proporcional ao risco técnico. Ou seja, se o iFood se tornasse uma empresa de tecnologia e inteligência artificial, estaríamos expostos a um risco técnico muito alto, mas, por outro lado, minimizaríamos o risco de mercado, pois haveria poucos *players* que conseguiriam construir tecnologias e algoritmos tão complexos. A aposta era que os concorrentes que acreditavam no poder do dinheiro em abundância arcariam com um baixo risco técnico para consegui-lo, mas manteriam um altíssimo risco de mercado, uma vez que haveria diversos *players* lutando pelos clientes e, em especial, *players* como o iFood, que deteriam tecnologia proprietária e algoritmos construtores de vantagem competitiva.

[20] A Kleiner Perkins é a mais célebre empresa de capital de risco do Vale do Silício. Fundada em 1972, é reconhecida por investir em startups e ter apoiado inicialmente empreendimentos como Amazon, Google e Twitter.

Visão, liderança e um grande investimento

Outra frase lendária nascida na Kleiner Perkins foi *"risk up front, out early"*: pegue o risco à sua frente e elimine-o. Nesse caso, Diego sabia da importância da mudança cultural que seria necessária dali em diante.

> Quando se toma a decisão de fazer uma transformação tão drástica, é preciso um trabalho forte de gestão de mudanças, de *change management*. Se você muda o modo de fazer algo, é preciso mudar a cabeça de quem opera aquilo para evitar a perda de *performance*. Seguindo no exemplo do carro, é como se alguém que tivesse um carro com transmissão manual passasse a dirigir da mesma maneira um carro automático, sem usar as duas mãos para segurar o volante; em vez disso, seguir com uma delas na alavanca do câmbio, insistindo em um movimento de troca de marchas que não é mais necessário. Isso é o *change management*: fazer com que as pessoas mudem seus hábitos a partir de uma visão diferente sobre o tema.

Change management é um conjunto de técnicas e ferramentas para gerenciar a mudança organizacional de modo eficaz. Envolve planejar e comunicar de maneira ativa e consistente, além de implementar e avaliar as mudanças necessárias para atingir os objetivos estratégicos.

No fundo, trata-se de outra face das empresas que se definem pela agilidade, em que o aspecto simbólico, motivacional, ganha relevância. Por isso, mais um passo foi dado em abril de 2019, quando Fabricio deixou o comando da Movile e se mudou para o iFood. O movimento não deixava nenhuma dúvida em relação à importância que o iFood vinha ganhando no cenário nacional. Fabricio sempre foi um expoente em cultura, modelo de gestão e inovação, o que eram ingredientes mandatórios para a inserção de uma tecnologia disruptiva em qualquer empresa brasileira naquele momento. "A Movile já era uma empresa muito rica em cultura, modelo de gestão e inovação, com valores que àquela altura estavam sedimentados", conta Fabricio.[21] "A nossa percepção era que o iFood tinha o potencial de crescer para ser a maior empresa do grupo, mas deveria avançar mais em cultura e inovação, justamente as forças em que a Movile sempre foi referência."

"Os presidentes antes de mim tiveram muitos méritos", Fabricio acrescenta, "mas na época o iFood poderia ser uma empresa extremamente inovadora e não era, não tinha essa ambidestria de buscar gente excepcional o tempo todo e ter gente como centro. Começamos acelerando

---

21 Fabricio Bloisi em entrevista concedida aos autores no dia 19 de maio de 2023.

O cientista e o executivo

nessa direção. Depois que eu mudei, nos tornamos uma empresa com uma cultura bem mais forte, falando muito mais de futuro, de visão, de sonho grande".

Com autonomia e orçamento para os investimentos necessários, Stecca e Bruno Henriques ganhavam o patrocínio direto do novo CEO, constituindo uma liderança clara na missão de levar a cabo a empreitada. Sobretudo, havia uma visão e um apetite de investimento, e sabia-se que muitas coisas precisavam ser construídas, mas que o retorno se pagaria no futuro, como uma curva J.

"Eu sempre olho o mundo pensando que existem grandes ciclos de inovação, de ideias que acontecem a cada dez anos e outros grandes ciclos maiores ainda, a cada setenta anos. E eles acontecem o tempo inteiro e mudam tudo. Então, eu estou sempre me perguntando qual é o próximo grande ciclo", diz Fabricio. "Pode ter dez opções sobre o que está acontecendo. Será que é IA? Ou será que é cripto? Será que é um superapp? Por isso estamos sempre testando tudo, vendo o progresso e avaliando onde existe alguma disrupção. Talvez eu mantenha o espírito de startup em uma empresa grande como o iFood porque fico o tempo todo testando. Eu acredito muito na cultura de tentar coisas novas, errar, fazer de novo e ver o que acontece. Sempre estou empurrando a empresa para isso. Foi assim que começamos a testar IA", ele conta.

Diego se lembra de como o tema se espalhava pela empresa, sendo ele mesmo a própria mudança.

> **Curva J** é um padrão histórico de crescimento de produtividade após a introdução de uma nova tecnologia e descreve um período inicial de baixa produtividade seguido por um aumento acentuado mais tarde. Ela reflete o papel dos investimentos em ativos intangíveis que complementam a nova tecnologia.

> Um tema como o da inteligência artificial geralmente fica restrito a uma área na maioria das empresas, não se espalha pela organização inteira. É trabalho de um departamento específico, o resto nem fica sabendo. Com o engajamento total avalizado pelo envolvimento da liderança máxima em IA, o processo de mudança é real, segue os passos necessários para entender o contexto e seguir adiante, sucessivamente. Fabricio fez da inteligência artificial um tema constante na empresa, ao mesmo tempo em que Bruno trabalhava na construção dos primeiros passos e no engajamento das áreas, que tão mais rapidamente aderem quanto mais houver *quick wins*, isto é, resultados interessantes gerados a partir de ações rápidas e menos complexas. Dessa maneira, as pessoas entendem que IA existe, não é apenas uma promessa de PowerPoint ou de uma consultoria.

Visão de futuro

Desde o início, questões éticas estavam contempladas. Em um contexto de *big data*, a IA potencialmente coleta e usa dados pessoais. Para garantir que a privacidade do usuário fosse preservada, era preciso associar a proteção dos dados ao uso ético da IA, por isso em 2018 foi criada a área de Privacidade, sob a liderança direta de Camila Nagano e indireta de Diego. Em paralelo, Bruno passou a montar workshops com especialistas globais para falar na empresa, iniciando um trabalho de aprendizado do tema entre a alta liderança. O iFood mandou seus executivos estudar o assunto fora – umas vinte pessoas passaram por um treinamento no exterior. Alguns, como Diego, no Imperial College of Science, Technology and Medicine de Londres. Depois, a empresa promoveu cursos e mais cursos para que todos entendessem a ferramenta, aprendessem o que estava por trás dela e tivessem visão de futuro. A estratégia envolveu em torno de quinhentas pessoas. Tudo feito para disseminar a ideia.

"Foi difícil fazer com que compreendessem a importância daquilo tudo. Mas o plano deu certo porque seguimos três passos: o primeiro foi escolher um problema simples para resolver, algo que seria fácil de entender. Depois veio a educação das equipes, com vários cursos que mostravam o que estava por trás da ferramenta. Isso ajudou a criar uma visão de futuro. A terceira chave foi elencar pequenos projetos em cada área para mostrar que a ferramenta não substitui o negócio. É importante ter claro que IA trabalha para você, e não por você. Ela deve aumentar sua eficiência, esse é o grande objetivo", lembra Bruno.

Para que tudo isso andasse, era preciso montar um time de especialistas. Atrair talentos era fundamental e isso era um desafio em dobro, porque não havia muitos disponíveis. Na época, uma estimativa apontava que existiam apenas seiscentos profissionais de IA no Brasil. A solução foi uma operação de *acqui-hiring*, com a compra da Maplink, empresa especializada em logística. "Era uma turma com muita experiência no trabalho com dados, que ficava parte no Brasil, parte na França", recorda Bruno. Em seguida, o iFood foi ao mercado em busca de uma liderança técnica incontestável, um especialista no assunto. Um cientista.

> **Acqui-hiring** é o processo de adquirir uma empresa principalmente para recrutar seus funcionários, em vez de obter o controle de seus produtos ou serviços.

capítulo 11

A hora dos micros- serviços e a vez dos BADHUs

Contra o tédio no Nubank, o iFood surgiu na vida de Sandor com uma oferta bem mais heterogênea de desafios: marketing, logística, antifraude e um grande processo de digitalização, devidamente avalizado por um dos investidores, a Prosus. Uma disrupção em que não faltavam obstáculos nas áreas técnicas e culturais – e Sandor já tinha visto muito disso. O iFood era uma empresa empreendedora, ousada, que gostava de botar as ideias malucas para testar, errar, testar novamente, até que fosse possível criar algo fantástico. Sandor arrumou as malas e rumou para Osasco, o desafio era fascinante.

Ele já havia trabalhado no Nubank com os microsserviços – o nome da urgência técnica que a empresa tinha vislumbrado. Na prática, isso dotaria o iFood da capacidade de prever cenários e lidar bem com eles, independentemente se o pneu do carro furasse. E este era um ponto crucial: não se tratava de um simples ajuste na arquitetura, mas de um novo processo, robusto, que fazia da flexibilidade algo sistêmico, dando a todas as áreas,

A hora dos microsserviços e a vez dos BADHUs

no futuro, a possibilidade de trabalhar com módulos acoplados à plataforma. Tratava-se de fazer milhares de pessoas agirem com ferramentas com as quais elas não tiveram contato antes.

A Amazon havia sido uma das pioneiras a trabalhar em grande escala com os microsserviços – isso ainda na época em que Diego e Sandor nem estavam na faculdade. Era algo de interesse mais acadêmico e só passou a aparecer em conferências por volta de 2011, quando o iFood já tinha sido fundado, mas se popularizou mesmo a partir de 2015. Stecca lembra que o conceito era bastante comum em 2018, e sua implementação acabou sendo facilitada no iFood porque a empresa estava em franco processo de expansão de diversificação das operações. Sandor tinha experiência no assunto.

> A ideia dos microsserviços é criar componentes que se comunicam sempre da mesma maneira, como os blocos de LEGO, que sempre se encaixam, independente da sua forma, pois têm os mesmos conectores. Com formas de se comunicar que são sempre as mesmas, é possível "quebrar" o sistema em várias partes. Se uma parte precisar de manutenção, ela é feita apenas em um pedaço, sem comprometer a performance dos demais. Os bancos tradicionais, por exemplo, contam com sistemas gigantes, proporcionais à dificuldade que é o desacoplamento entre eles. No Nubank, essa estrutura tornou o banco tão resiliente que ele conseguia se mover dez vezes mais rápido que os incumbentes.

Quando Sandor chegava a essa parte, os olhos dos executivos brilhavam. No iFood, esse era o novo evangelho. A "legolização" dos sistemas atendia os requisitos estratégicos de construir um negócio mais flexível, ágil e robusto do ponto de vista dos dados. Mas era necessário que houvesse rigor na coleta da informação, em sua organização e na garantia de privacidade, para que depois fossem acopladas ferramentas específicas das áreas. Tudo demandaria muita mão de obra qualificada – coisa que praticamente inexistia naquele momento, com os poucos profissionais devidamente atrelados a contratos de trabalho com outras empresas.

Sandor se lembrava de Doug Leone, então *managing partner* na Sequoia (uma das mais renomadas e tradicionais gestoras do Vale do Silício), que comentou certa vez que seus investimentos no Brasil eram poucos porque o país não formava "engenheiros o suficiente".

O cientista e o executivo

Na cabeça dele, colocar muito dinheiro no Brasil faria com que as empresas dele começassem a competir por talentos entre si. E a "briga por talentos" viria realmente a ser algo constante nos anos seguintes...

Tropa de choque em ação

Para o iFood, a saída foi outra operação de *acqui-hiring*, com a compra da startup de inteligência artificial Hekima, em janeiro de 2020. Talentos, talentos e mais talentos. Seniores. Era necessário – crucial, na verdade – conseguir atrair o que existia de melhor em mão de obra para a empresa. Então, assim, de um dia para o outro, chegaram dezenove especialistas de ponta ao iFood, e o time de IA pulava para meia centena de profissionais, que vinham se juntar a um grupo ainda em fase de aperfeiçoamento.

A minha chegada incluía criar uma espécie de *data literacy*, um letramento de dados para a empresa. Mesmo sendo "o cientista", entrei na dança. Mal coloquei os pés no iFood e me mandaram para Londres, para me juntar ao escalão que passava pelo treinamento básico de IA promovido pela Prosus. Foi muito bom porque havia um sentido de desmistificar, explicando como funcionava o trabalho de maneira bem simples. Depois, houve visitas a empresas e universidades, para conhecer projetos inovadores, seguidas de dinâmicas em grupo envolvendo as lideranças.

No meu leque de metas para ontem, vi o organograma da empresa sendo redesenhado, especialmente por essa necessidade de diálogo da transformação tecnológica com o negócio. Foi criado um programa *translator*, que basicamente servia para treinar todas as pessoas da empresa em dados e IA com o intuito de traduzir aplicações de dados para o mundo normal.

No fim de 2019, cerca de 50% dos times tinham aprendido a trabalhar com SQL – isto é, metade da empresa havia concluído a certificação para se tornar *AI translator*, com a capacidade de estabelecer uma ponte entre a área técnica e a executiva. Foi assim que Diego, que assumiria a gestão de risco, multiplicou os profissionais com certificação BADHU, um desdobramento natural do *AI translator*, específico para o iFood, gerando qualificação que destravaria muitas portas ao longo da jornada.

> **SQL** é uma linguagem de programação muito popular, por ser fácil de aprender, e usada para manipular dados em bancos de dados.

A hora dos microsserviços e a vez dos BADHUs

Era preciso criar um ambiente em que todo mundo tivesse algum treinamento para usar as ferramentas avançadas de *data* e, a partir daí, tomar decisões. O BADHU foi uma maneira de fazer acreditar que entender e usar dados era possível a qualquer pessoa. Ao mesmo tempo, era uma certificação, o que sempre gera uma competição positiva: alguém tem algo que o outro não tem. Essa percepção leva as pessoas a querer tal certificação. Uma política de fazer continuamente o *upskilling* e o *reskilling* dos talentos internos completou o movimento.

Com todo esse esforço, o tempo de resposta em várias áreas da empresa era bem mais rápido. Novo círculo virtuoso: a partir do momento em que se entrega valor para as diferentes áreas, o processo de integração avança, com o time de negócios se mobilizando e demandando mais soluções. São pequenos sucessos que vão se acumulando. Quanto mais rápida for a legolização, mais rápido o resultado aparece. E isso inclui espalhar especialistas pelas unidades de negócio de modo horizontal, muito longe de deixá-los confinados em um departamento, permitindo que trabalhem como uma consultoria.

Era uma jornada em andamento: o negócio crescia, estava bombando. Tanto Diego quanto Sandor tinham clara, de saída, a natureza da mudança que estava sendo iniciada. O iFood não era uma empresa da Velha Economia, a companhia seguia o caminho natural do desenvolvimento próprio do delivery, um processo de múltiplas convergências tecnológicas, com menores custos, maior produtividade e melhor qualidade dos serviços.

Esse desenvolvimento passava agora por Sandor implementar os dez modelos de IA em seis meses. Os projetos foram escolhidos pelo impacto que poderiam causar na empresa no curto prazo, no que tinham de simbólico e prático no sentido de mobilizar as diferentes áreas, resultando em um eventual engajamento total. Eram elas: ETA (tempo de entrega), fraude de cartão de crédito, marketing, logística e abusos de restaurantes contra os termos e condições. Alguns já estavam em andamento, como era o caso do *Deep Food Network*, o DFN. Cada um dos modelos apresentava um drama diferente, exigindo técnica e habilidades também diferentes. A característica heterogênea do trabalho complicava ainda mais a execução.

O cientista e o executivo

Transatlântico, *jet skis* e o *Deep Food Network*

O ano de 2019 chegava ao fim com a área de Finance Digital Evolution entregando cinco sistemas, com vários robôs de pé em seus processos. Diego fazia questão de comemorar com os times cada uma dessas conquistas. Para ele, já estava bem claro que utilizar ferramentas analíticas permitia cruzar informações financeiras e outros dados relevantes da empresa, visualizar cenários e controlar os processos com mais precisão.

Uma boa ilustração desse momento foi dada pelo próprio Fabricio, com a imagem de um *jet ski* contra um transatlântico – que era o iFood naquela época, apesar dos cinco sistemas: lento, sem conseguir fazer curvas que não fossem as bem abertas. A empresa precisava de uma estrutura que permitisse testar coisas novas, colocando-as para rodar com ciclos muito curtos de desenvolvimento – mais rápidos, mais ágeis. Caso vingassem, poderiam ser implementadas com igual agilidade pelas mais diversas áreas.

A imagem do *jet ski* remete aos modelos de gestão praticados por empresas de tecnologia. Um exemplo muito recorrente é o do Spotify, a sueca cuja estrutura é referência e se divide em *tribes* e *squads* – agrupados por produto – e *chapters* e *guilds* – unidos horizontalmente por interesse ou habilidade. Times diversos que trocam experiências em um esforço de sinergia.

Nas *tribes*, que se dedicam a um determinado projeto, os *squads* se referem a equipes multifuncionais, compostas por profissionais de diferentes áreas que trabalham juntos em projetos específicos. O objetivo é ter uma equipe que seja autônoma e capaz de tomar decisões por conta própria, sem a necessidade de depender de outras áreas da empresa. Cada *squad* tem um líder, que é responsável por coordenar as atividades da equipe e garantir que as metas sejam cumpridas.

Já os *chapters* são grupos de profissionais que compartilham uma mesma área de *expertise* ou habilidade. Nas empresas que adotam esse modelo, esses *experts* têm rituais com metodologia bem definida para trocar conhecimentos e experiências, e para definir as melhores práticas. Desse modo, os *chapters* ajudam a garantir que a empresa tenha um alto nível de conhecimento técnico em todas as áreas relevantes para o negócio. Por fim, os *guilds* reúnem pessoas de toda a organização que compartilham conhecimentos e práticas, independentemente das suas áreas de trabalho.

Tudo em nome da agilidade e da flexibilidade. Uma coisa importante é que os *jet skis* têm licença para fazer "buracos no encanamento" na busca de impacto/valor para a empresa. A eles se permitem ações agressivas,

A hora dos microsserviços e a vez dos BADHUs

mas é fundamental ter um time separado de tecnologia, operando em uma região específica, e exigir cadência para avaliar os resultados. A cada semana ou quinzena, é preciso olhar os dados e reorientar o rumo dos quinze dias seguintes. Quer implementar algo novo? Mande o *jet ski* na frente para ver se funciona.

No iFood, um dos modelos que foram ao ar ajudava o Marketing a encontrar clientes para receber cupons, calculando as chances de uma pessoa comprar comida em um determinado dia. Com base no histórico do usuário, era possível dar cupons de descontos para quem só precisava de um empurrãozinho para comprar. Significava provocar um comportamento.

Os modelos funcionavam, mas acabavam se chocando com processos antigos ou, ainda, se mostravam inviáveis dado o próprio modelo de negócio do iFood. Na jornada, ao mesmo tempo de conflito de crescimento, de inovação e de risco, alguns modelos pediam passagem, e um deles era o *Deep Food Network*, o DFN, nunca antes feito em lugar algum do mundo.

O nome pomposo do projeto foi intencionalmente criado para engajar pela via simbólica e inspirar as pessoas da organização dentro do processo de *change management*. A bem da verdade, DFN não tinha significado algum. Surgiu porque um dos assuntos mais falados nos treinamentos era o *deep learning*. Era *deep learning* para cá, *deep learning* para lá... até que alguém sugeriu *Deep Food Network*... Por que não?

> **Deep learning** é um tipo de aprendizado de máquina que usa redes neurais artificiais com muitas camadas para processar grandes volumes de dados e extrair características complexas e abstratas.

O projeto tinha sido uma das primeiras cartadas de Bruno Henriques como VP de IA, uma ideia ventilada ainda quando o alto escalão fazia seu treinamento em Londres. Ela partia da hipótese de que o iFood ofertava comida cara, o que impunha um limite ao crescimento. Era preciso um modelo que fizesse todo mundo ganhar no volume baixando o preço unitário, um modelo, dizia Bruno, que permitisse ao restaurante vender cinco vezes mais cobrando menos.

O DFN iria mostrar todo o potencial dos dados para prever comportamentos de consumidores a partir de um mecanismo que assegurava ao restaurante uma demanda mais estável. Significava, na prática, que o iFood garantiria a demanda pela comida do restaurante, ou seja, o restaurante não estaria exposto ao risco de o cliente comprar ou não em um determinado dia.

Aparentemente simples, um mecanismo dessa natureza impunha, contudo, desafios técnicos. Recém-chegado, Sandor gostou do plano e se tornou um dos seus defensores mais entusiasmados.

O cientista e o executivo

> Nós passaríamos a ser o contato direto da venda com o cliente, mas também teríamos de saber exatamente o que comprar, quando comprar ou quanto comprar. Estamos falando de comida, que é por definição perecível. Se conseguíssemos fazer uma boa previsão do que seria vendido rapidamente e por quanto, conseguiríamos talvez maximizar a previsibilidade da demanda. Se soubéssemos que existe um restaurante pronto para vender uma pizza por 40 reais e um cliente disposto a pagar 41 reais, bastaria capturar essa vontade e entrar no mercado assegurando a demanda ao restaurante, que sai do risco da venda, e então fazer acontecer na prática o que um modelo de IA mostra. Nesse sistema, saber trabalhar as informações nas duas pontas era crucial para arbitrar o preço a ser praticado.

Lembrava muito o mercado financeiro de futuros – e mercado financeiro era uma das especialidades, desde muito tempo, de Sandor. A lógica era semelhante à de um produtor que sofre, por exemplo, as variações no preço da soja, que depende da safra, das condições climáticas e da demanda.

> São tantas incertezas, que não é possível saber se toda a safra seria vendida quando chegasse o tempo da colheita. Por isso existe o mercado futuro, em que o produtor estabelece um preço diante das condições de mercado – e é por esse preço antecipado, se ele fizer sentido para o negócio, que a venda vai ser feita. É bom para todo mundo: saem as incertezas e entra a garantia de que haverá uma oferta consistente do produto no mercado, por um preço que é arbitrado pelo próprio mercado, mas partindo de algo mais ou menos regulado. Naturalmente, os investidores acabam dando uma mordida no negócio.
>
> No DFN, da mesma maneira, as incertezas dos restaurantes em relação às vendas seriam removidas – previsibilidade sempre é muito bom! Se a pizzaria sabe que vai vender 200 pizzas, ela pode se preparar melhor de antemão, melhorar o serviço sem depender do conta-gotas dos pedidos. Tem ainda a garantia do preço pré-acordado, o que por sua vez melhora o negócio como um todo. Isso se traduzia em maior eficiência e maior controle, inclusive sobre o fluxo de caixa, com o dinheiro do iFood entrando antecipadamente para o restaurante. Dava para investir mais e melhor no negócio.

A hora dos microsserviços e a vez dos BADHUs

O melhor dos mundos

Tratava-se, portanto, de criar um ambiente mais estável para os restaurantes venderem seus produtos, o que poderia também representar um valor para a empresa. O Marketing poderia se beneficiar bastante desse mecanismo: além do horizonte dos cupons, era possível dar um desconto diretamente em um prato previamente comprado pelo iFood nessa espécie de mercado de futuros, tendo mais controle sobre a oferta e a demanda e maior flexibilidade para trabalhar com os restaurantes.

Se conseguíssemos comprar de cada restaurante um ou dois pratos vencedores, isso poderia ser também um grande chamariz para atrair clientes. Pratos campeões: a feijoada do Bolinha, o polpetone do Jardim de Napoli, o filé Oswaldo Aranha do Cosmopolita... Seria uma verdadeira inovação disruptiva, capaz de romper com o modelo anterior e o de toda a concorrência. Seríamos capazes de atrair mais restaurantes para a plataforma, ganhando uma vantagem competitiva em relação aos demais *players*, mudando de maneira significativa o modo como todo o mercado do delivery funciona.

Valia a pena investir nessa ideia, por mais que os cálculos parecessem difíceis. O primeiro desafio era saber exatamente quantos pratos comprar. Foram feitos vários testes em sessenta dias em Curitiba. Depois passamos para Campinas, e um dos restaurantes mais parceiros do iFood na empreitada foi o Black Beef, que fazia um hambúrguer artesanal de bastante sucesso no interior de São Paulo.

Imagine que o Black Beef vende, vamos dizer, mil *cheeseburgers* em um fim de semana. O iFood precisava prever essa demanda para não correr o risco de adiantar o pagamento de, por exemplo, 5 mil lanches, ficando com o dinheiro parado na mesa por mais algumas semanas, tempo necessário para vender tudo. Isso se errássemos para cima, porque poderíamos errar para baixo, e o negócio também perderia em eficiência: porque, se calculássemos uma demanda cinco vezes menor, os 4 mil pedidos excedentes significariam um lucro menor caso o iFood estivesse dando algum desconto, além de gerar um problema de atendimento, para dar conta de saídas que não estavam previstas. Atrasaria a entrega, e todo mundo sairia perdendo.

Quanto melhor a previsão, maior é a capacidade de colocar esse valor no bolso do cliente, no bolso do restaurante, no bolso do iFood. Ou seja, estamos falando de reduzir o custo da comida. De novo,

O cientista e o executivo

> o DFN era sinônimo de eficiência, e ele trazia outros desafios. Além da quantidade, precisávamos definir preço. Quanto custava para um restaurante fazer um bom hambúrguer? Como saberíamos como pagar o mínimo possível? Se conseguíssemos saber exatamente quais eram os ingredientes de um prato, se comprássemos uma base de dados de custo de consumo para qualquer coisa por região, se tivéssemos como estimar quanto custava a mão de obra por região, o aluguel por região, saberíamos mais ou menos quanto o hambúrguer valia.
>
> Imagine que um lanche seja vendido por 20 reais, mas sabemos que o custo unitário para o restaurante é de 10 reais. Sabemos também que, se o iFood der um desconto para o cliente, o restaurante vende mais e pode fazer um preço melhor para a plataforma em troca dessa vantagem, em vez de ficar no conta-gotas do pedido a pedido. Pode perder no valor unitário, mas vai ganhar em volume. Supondo, por exemplo, que, se pagássemos 18 reais em cada um, e esse preço proporcionasse um aumento dos pedidos, seria factível, em vez de ter mil pedidos a 20 reais (resultando em uma entrada de 20 mil reais), alcançar 1,5 mil pedidos a 18 reais (27 mil reais).

O leitor mais atento e técnico vai pensar se estavam calculando elasticidades para tudo. E não, não era o caso! Na maioria das empresas, e principalmente nas que se movem rápido como o iFood, calcular elasticidades é uma grande perda de tempo, pois o dado não é estável o suficiente, as coisas mudam de um dia para o outro, e é impossível calcular qualquer coisa com o mínimo de rigor estatístico.

> **Elasticidade** é a medida de como uma variável responde a uma mudança em outra variável. É usada para avaliar a sensibilidade da demanda, da oferta ou de outras funções econômicas.

É aqui que "o cientista" precisa ser bem menos cientista e muito mais "o executivo". Os times de IA não precisam usar todo o rigor científico do mundo para provar que A é melhor que B, só o suficiente para garantir que o produto hoje está melhor do que ontem. Sandor já tinha perdido a conta do número de horas que passou dando feedback e "acalmando" cientistas exaltados porque a análise X, Y ou Z estava "errada".

> Ok, a análise está errada, o dado é insuficiente, talvez o resultado não seja esse. Fazemos o que então? Cancelamos o produto? Paramos tudo até a análise ficar boa?

A hora dos microsserviços e a vez dos BADHUs

Nos exemplos na ponta do lápis, até que era fácil demonstrar a vantagem de ser veloz em vez de preciosista. O problema era ser certeiro sem causar surpresas mais tarde. Pois eram muitas as variáveis em jogo: onde ficava o restaurante? Qual o seu foco? E sua receita? Será que valeria a pena para ele? Eram necessários vários programas de previsão encadeados para conseguir responder bem a questões como essas e, quanto mais próximos das respostas, mais o produto ficava melhor. Mais ainda: o iFood podia decidir, de acordo com uma estratégia de negócios, como essa conta poderia ser dividida, com as três partes da equação – plataforma, restaurante e clientes – felizes.

Conceitualmente, fazia todo o sentido. Estimava-se, com o DFN, reduzir o preço da comida em 40% e aumentar em muito o alcance da entrega. Seria possível, além de tudo, gerar um efeito positivo na disposição de entregadores nos arredores do restaurante parceiro, aprimorando todo o processo de logística, reduzindo custo, enquanto aumentavam os ganhos deles, e entregando os pedidos mais rapidamente, o que também gerava vantagem competitiva. Ainda na ponta do lápis, a visão de Bruno Henriques se traduzia em preço menor para o consumidor, uma vez que um único entregador poderia pegar cinco hambúrgueres em vez de um. Para o cientista Sandor, era mais que factível.

Começamos por tentar transformar esses problemas de previsão em um sistema de equações. E fui fazer uma das coisas que mais adoro, que é o *whiteboard*. No iFood, as paredes do escritório podem ser rabiscadas com uma caneta especial. É um quadro branco para escrever as equações. Eu precisava determinar as variáveis x, y e z do sistema. Prever quanto mais seria vendido de um determinado item com um determinado preço é uma equação ou duas ou algumas. Prever qual o preço de custo de um produto é outra. Prever qualquer composição ótima de pratos para mostrar para o cliente, outra ainda. Complicadores não faltavam. No aplicativo, temos um espaço limitado, e precisamos mostrar para o cliente exatamente aquilo que ele quer ver. Por exemplo, que pratos precisaríamos ter em uma lista de DFN? Como poderíamos prever uma composição que agradasse a todo mundo? Além disso, era necessário ir ao restaurante captar esses pratos, o que impunha um problema do mundo físico. Naquele começo, essa negociação tinha de ser feita na unha. No futuro, poderia até ser automatizada, com o restaurante cadastrando o prato que gostaria de vender para o iFood, mas naquele momento nosso sistema não tinha absolutamente nada para viabilizar essa ideia.

O cientista e o **executivo**

Entra em cena O Mágico de Oz

Se nada há, resta emular um sistema usando gente de carne e osso – um expediente que o pessoal de produto chama de "estratégia do Mágico de Oz". Consiste, basicamente, como o personagem da história, em ficar atrás da cortina mexendo em umas cordas para parecer mágico e encantar as pessoas – no caso, as que visitavam seu palácio.

A ideia do Mágico de Oz faz todo o sentido para projetos de inovação. Sabendo como o nosso futuro sistema vai se comportar, podemos montar um processo que funcionaria como um *trading* automatizado. Nada mais natural, então, que começássemos a operação junto aos restaurantes com um time de vendas que ia correr atrás dos melhores pratos e fazer uma oferta por eles. E foi o que fizemos: montamos uma equipe em velocidade relâmpago para cuidar desse meio de campo. Enquanto isso, os modelos que estávamos construindo nos ajudavam a encontrar quais os melhores pratos de um determinado lugar.

Vale lembrar que o mercado do iFood é regionalizado, com cada restaurante tendo um raio de ação de uns dez quilômetros – mais que isso, comprometeria o serviço, com uma logística cara, demorada, resultando em pratos frios. Tudo no iFood precisa levar esse componente em conta. Então, as minhas contas rabiscadas na parede precisavam considerar esse limite na escolha dos pratos a ofertar e na definição de para quem ofertá-los no espaço limitado de uma tela do aplicativo.

As variáveis cresciam. Na Mooca, por exemplo, temos ótimas pizzarias. Não fazia sentido incluir todas elas, era preciso calcular a melhor composição de pratos, diferenciando almoço, jantar e fins de semana. Eram essas as equações que tentávamos definir no processo de *whiteboard*, considerando os dados de que dispúnhamos, aquilo que teríamos de modelar para fazer essas previsões e o que faríamos para integrar minimamente esse sistema com diferentes áreas, como o Comercial. Lembrando: não tínhamos infraestrutura.

Para dar conta do desafio, foi montado um time de cientistas de dados e *analytics*. Se os primeiros não conseguissem resolver com modelos, os outros entravam no circuito montando as listas dos restaurantes de maneira manual (como o Mágico de Oz) para ganhar tempo para coletar

A hora dos microsserviços e a vez dos BADHUs

dados melhores e aprimorar os modelos. E assim começaram os trabalhos, com os times em formação reforçados pelo pessoal da Prosus, que havia desembarcado no Brasil trazendo seu know-how.

Olhando para os dados, descobrimos que tínhamos muitas coisas legais, dados bem curados construídos ao longo do tempo. Um dos pilares da cultura do iFood, o foco nos resultados, era levado tão a sério que já havia uma ideia clara do que precisávamos para ser uma empresa baseada em dados. Já tínhamos o sistema, uma plataforma de dados, porque tudo isso era usado para gerar os relatórios e fazer os acompanhamentos do que os times estavam buscando. Essa cultura agressiva foi uma força do iFood que ajudou bastante na construção da área de IA.

Facilitou o início do trabalho, mas é claro que o que estávamos fazendo era arrumar o carro com ele andando – sem volante, sem pneu e caindo por uma ribanceira, porque era exatamente essa a sensação que se tinha. Os prazos eram apertados, porque as equipes já estavam na rua indo atrás dos pratos dos restaurantes. Às vezes, o contraste entre o mundo dos negócios e o da ciência ganhava contornos bizarros: imagine, de um lado, um time de vendas energizado, daqueles de levar bandeira nas reuniões, cantar, gritar, bater no peito e ir à luta; de outro, uma molecada cientista de dados, tímida, que acabou de sair da universidade, fazendo contas nas paredes. E os gringos da Prosus lá no meio, sem entender direito o que estava acontecendo. Como a cobrança para os dois times era bastante intensa, os conflitos logo começaram a aparecer.

Assim, voltávamos ao ponto: o sucesso do DFN seria proporcional à nossa capacidade de fazer previsões. E tinha de ser uma previsão muito boa. Só que a cultura exigia que escalássemos com rapidez, para já! Começamos a realizar testes em algumas cidades, e os resultados se mostraram promissores em uma escala pequena. Havia um claro potencial em um teste com poucos restaurantes. Mas, conforme a escala crescia, variáveis como a composição dos pratos se tornavam complexas. Comida é uma coisa complicada: uma marmita de feijoada é diferente de uma feijoada. O que é uma marmita? O que é um combo? Um exemplo que usávamos era a "suxinha", uma coxinha de sushi. Como decifrar isso?

Fazer uma previsão é algo muito difícil, os modelos nem sempre são 100% precisos quando se consideram prazos. Veja, por exemplo,

O cientista e o executivo

a previsão do tempo, que depende de vários fatores que podem mudar no meio do caminho. O mundo real é extremamente complexo, pequenas variações podem fazer uma grande diferença no final. Quanto maior a antecedência da previsão do tempo, maior é a chance de erro.

O mesmo ocorre com a previsão da venda de hambúrgueres ou pizzas. No modelo de *forecasting*, usamos o passado com referência, mas o iFood estava crescendo rápido demais, investindo em marketing, em tecnologia. Estávamos mudando o processo, tudo era muito novo, e o passado não era referência confiável. As previsões de venda que saíam nesse processo eram ruins. Serviam, mas precisavam ser melhoradas demais. E para ontem.

> **Forecasting** refere-se a um subconjunto de aprendizado de máquina. É um método que usa dados históricos e modelos estatísticos para estimar resultados futuros.

Do ponto de vista da modelagem, não dava para saber, por exemplo, quantos hambúrgueres a mais nós venderíamos se baixássemos o preço de 20 para 18 reais. Porque, nos dados, nunca tínhamos visto hambúrguer ser vendido por esse preço. E este é um problema muito comum na IA. É o problema da causalidade: precisamos não só saber qual vai ser a venda em um determinado momento do tempo, mas também qual será a venda tendo em vista uma ação que vou tomar.

> **Causalidade** é uma relação entre duas variáveis que implica que uma é a causa e a outra é o efeito. É usada para explicar como e por que um fenômeno ocorre.

O problema é se a decisão nunca foi tomada no passado... Como ter uma estimativa correta para uma ação inédita? Não dá para saber. O ser humano é muito bom em fazer cenários "e se?". E se eu atravessar a rua sem olhar para os lados, o que acontece? Todas as vezes em que atravessei, olhei e nunca fui atropelado, mas essa informação não serve no caso de eu não olhar. Vou ser atropelado? O modelo não pode responder. É preciso um tempo significativo para gerar experimentos, alterando processos de modo a capturar dados e fazer comparações. Será possível emprestar o comportamento de um restaurante para outro? Em qualquer época do ano? Em todas as praças?

Era como amarrar as coisas com barbantes. Funcionou na construção da estrutura, que foi colocada de pé, mas estava longe de ser boa de verdade. Havia sinais promissores, mas ainda muitas perguntas não respondidas. Ainda assim, o otimismo e a lua-de-mel da empresa com

A hora dos microsserviços e a vez dos BADHUs

IA predominavam. Os executivos voltavam de viagens à China cheios de ideias de inovação (é sempre assim), e o time de Bruno Henriques já tinha consolidado a área. Em seis meses, saíram do zero para cem, batendo metas. Tudo bem, tudo fantástico, todo mundo feliz – até porque não havia estourado nenhum grande problema (ainda).

A realidade se impõe

O próximo passo era escalar o DFN, saindo do mundo dos testes. Mas foi aí que tudo começou a ruir.

> Para escalar esse sistema, era necessário um exército de vendedores varrendo o Brasil inteiro o tempo todo, em busca de praças, fechando negociações individualizadas com os restaurantes para captar determinado prato e apresentá-lo aos nossos clientes. O que acontece com isso é uma questão de acerto, de *backup*: a cada dez pratos direcionados para o aplicativo, era preciso uma lista com o triplo de restaurantes. O que acontece com regiões não densas? Não se pode assumir que o Brasil inteiro seja igual a São Paulo em densidade populacional. Há ainda localidades que não têm um grande número de restaurantes. Então, escalar o DFN nesses lugares não era mais uma questão de escolha – era pegar ou largar o que havia de disponível. E o negócio ia ficando menos eficiente.
>
> O que atrapalhou mesmo foi o lado operacional, que podia virar um inferno e era um fator que fragilizava a modelagem. Outra dificuldade para o sistema como um todo é que, adiantando o pagamento para o restaurante, o produto passava a ser financeiro, o que trazia outros problemas da vida real – aqueles com que os bancos têm de lidar. O DFN impunha uma questão de fluxo de caixa para o próprio iFood, que, ao antecipar os recursos aos restaurantes (leia-se: conceder um crédito), corria o risco de levar um calote. Um problema inédito para o negócio!

O estágio ainda era o de Oz, totalmente humano e sem mágica. Apresentava falhas, e as previsões não eram boas o suficiente para garantir as margens que o negócio exigia. "Depositamos 30 milhões de reais antecipados na conta dos restaurantes, e foi aí que muitos deles se perderam",

O cientista e o executivo

lembra Bruno Henriques.[22] "O dono de uma lanchonete no interior de São Paulo, por exemplo, comprou uma Mercedes do dia para noite, achou que tinha ficado rico. Quando fomos cobrar os hambúrgueres que já havíamos pagado, ele não tinha nem lanche, nem dinheiro. Poucos guardaram os recursos para melhorar a eficiência, comprar insumos mais baratos, negociar com os fornecedores. Saíram gastando".

Eram ineficiências que se acumulavam. Faltava ainda a infraestrutura necessária, faltava muita coisa. Muitos imprevistos surgiram, muitos problemas estouraram, e o DFN acabou descontinuado depois de alguns meses. "Em Campinas, a cidade-teste", prossegue Bruno, "fizemos uma promoção para quem nunca tinha comprado no iFood. Vendemos o sanduíche por 1 real. Era apenas um teste. A cidade inteira entrou no iFood e começou a testar o aplicativo. O DFN deu errado, mas vender o sanduíche por 1 real, mesmo que em um teste, nos ensinou várias coisas. Experimentação que só surgiu porque existia o DFN. Passamos isso para o Brasil todo, e foi o que fez a empresa escalar. Aprendemos mais nuances de como fazer o cliente continuar na plataforma, e então tínhamos retorno sobre esse esforço, ou seja, o LTV era positivo. Este é o lance de inovar: errar, errar rápido, aprender e descobrir algo animal na sequência".

A tentativa valeu pelo aprendizado. Apesar de os modelos terem falhado, todo mundo saiu fortalecido, impulsionando a cultura de inovação da empresa. Havia ainda muito pela frente – muitas tentativas, muita coisa que não daria certo e também muitos sucessos.

---

22 Bruno Henriques em entrevista concedida aos autores no dia 28 de setembro de 2022.

capítulo 12

Modelos na mão e o choque da disrupção

A cultura interna colocava o disruptivo no registro do possível, mas uma revolução só é digna desse nome se for difícil. Coisas continuavam se quebrando pelo caminho. Os primeiros meses foram árduos, cheios de percalços e desafios para desfazer o meio de campo entre os técnicos e os executivos, entre os códigos e o modelo de negócio. Sandor dificilmente vai se esquecer dessa época – e tanto isso é verdade que esse duro período se tornou parte de um conceito maior sobre como e por que os sistemas falham, um fenômeno que se repete nas empresas apesar dos investimentos pesados feitos pelos executivos.

No começo, quando ainda não havia a integração, tratava-se de desenvolver os modelos e entregá-los "na mão" das unidades. O problema disso é depender de um terceiro isolado para a implementação, e 95% de todos os modelos entregues nesse sistema acabam falhando. Enquanto se acredita que IA é alguma espécie de feitiçaria ou de alquimia, são muitas as razões para um modelo falhar. As razões que explicam esse fenômeno ficariam claras para

O cientista e o executivo

mim mais tarde, quando li um artigo do *MIT Sloan* intitulado *AI on the front lines*[23] – uma daquelas leituras que mudam a nossa vida.

A primeira é bem simples e se resume a saber se a ferramenta entregue a uma área vai beneficiar terceiros em vez dos usuários finais. Ou, de maneira mais direta, quem vai levar o crédito: a área que toca o dia a dia – os usuários finais – ou o time de IA, esses terceiros indesejados que chegam com suas soluções miraboiantes? Em vez de ocorrer uma integração entre as equipes, a resistência à inovação se fortalece, com o time de IA se transformando não em ajuda, mas em ameaça. Áreas estáveis, tradicionalmente menos pressionadas, com um *statu quo* mais firme, tendem a responder com maior resistência.

O segundo ponto é: a ferramenta vai exigir força de trabalho extra dos usuários finais. Trocando em miúdos: além de levarem o crédito (se tudo der certo, claro), o pessoal de IA chega querendo acesso, pedindo dados, criando reuniões, mudando tudo o que se faz na área, botando o dia a dia de cabeça para baixo. Tudo o que gera estresse e ansiedade.

É natural que quem está desde o início diante do problema se pergunte: o que vai sobrar para mim quando a devastação passar? Porque os dois pontos anteriores levam a um terceiro: como fica a minha autonomia? Tomando como exemplo o antifraude, o pessoal vivia de criar regras – como aquela do gim, lembra? –, mas, quando IA chega, automatiza esse processo, eliminando a necessidade de uma mesa antifraude dedicada a criar as regras que não estão mais funcionando. O processo de criação de regras cai para segundo plano, e é comum que, nesses casos, as pessoas sintam que a mesma coisa aconteceu com elas. Mas não é: elimina-se apenas a necessidade de criar regras e mais regras. Muda-se a lógica do trabalho, que fica mais estratégico. A partir desse ponto, monitorar o resultado do sistema como um todo e tomar decisões estratégicas (de risco e retorno, falso positivo *versus* fraude) passa a ser de alta demanda.

Todo o treinamento e a solidez da cultura *foodlover* eram medidas para minimizar o impacto do choque de disrupção no cotidiano, aquele momento, demasiadamente humano, em que as pessoas percebem que

---

23 KELLOGG, K. C; SENDAK, M.; BALU, S. AI on the Front Lines. **MIT Sloan Management Review**, 4 maio 2022. Disponível em: https://sloanreview.mit.edu/article/ai-on-the-front-lines/. Acesso em: 14 ago. 2023.

Modelos na mão e o choque da disrupção

precisarão trabalhar de uma maneira diferente, o que está longe de ser apaziguador e quase sempre traz ruídos. As pessoas em geral gostam de fazer como estão acostumadas. Para isso, Sandor usava como referência o clássico *O dilema da inovação*,[24] que fala do problema dos 3Ps: pessoas, processos e prioridades.

> Quando chega uma força de disrupção, mexendo com processos já estabelecidos, a tendência é que as pessoas envolvidas resistam a ela em vez de abraçá-la. É uma luta dos recém-chegados contra o *statu quo*, que se traduz com os profissionais da área cuidando de casos cada vez mais específicos – no caso do time de antifraude, chegou-se à regra do gim, por exemplo.
>
> O sistema probabilístico traz uma maneira muito mais simples de gerir essas regras, mas o curioso é que o time que originalmente cuidava da área faz o movimento de se especializar ainda mais na imposição de regras, porque vai tentar fazer aquilo que faz melhor. É a velha história do cavalo mais rápido. Se você perguntar para a área o que eles querem, como fez Henry Ford lá atrás, ninguém vai responder que quer um carro, mas, sim, que deseja um cavalo mais rápido. Não vão querer trocar o animal por um motor a combustão. Existem jeitos mais simples e mais baratos de fazer o processo, mas são ignorados pela área incumbente – nesse caso, porque os processos que já estão no lugar não permitem a disrupção e provocam inércia nas pessoas que estão lá.

O alerta da disrupção contra o "sempre foi assim" tinha sido ligado já na chegada de Bruno Henriques, no ano anterior. Era o cara estranho, levado por um presidente que havia deixado a presidência da *holding* para assumir uma de suas empresas. Não era nada usual esse movimento, e era de se esperar que não só arrepiasse as pessoas como também renovasse processos e prioridades. O bumbo do Bruno tinha o poder de mobilizar, mas também de despertar a resistência à inovação que atormentava os passos de Sandor.

> Era preciso, de maneira repentina, compreender a nova realidade. Na migração para um sistema mais modular, os dados serviam para, por exemplo, as pessoas que pagavam aos entregadores

---

24 CHRISTENSEN, C. M. **O dilema da inovação**. Rio de Janeiro: M.Books, 2011.

O cientista e o executivo

deixar de lado a rotina com que estavam acostumadas e se concentrar no aumento da remuneração média. Com IA, era possível focar na ação estratégica, uma vez que o sistema ia automatizar todos os pagamentos, precificando a remuneração de modo a garantir a excelência do serviço e a dignidade do trabalho.

Foi gasto um bom tempo para desenvolver o modelo de oferta e demanda de entregador; e isso ia para a mão do time que operava a remuneração, para começar a luta do "vamos esquecer o sempre foi assim". Mas a mudança ainda não tinha contagiado as pessoas contratadas para pagar os entregadores, que estavam contentes com o *statu quo*. Alegava-se que o modelo não era bom, apesar de ser possível provar que funcionava melhor na maioria das situações do que o *benchmark*. Todos os cálculos mostravam isso, mas assim que se chegava à área havia algo atrapalhando... Além disso, o processo manual tinha falhas (sempre tem), e era impossível monitorar direito a execução depois da entrega para o terceiro. Os erros se multiplicavam. Qual o valor da nossa entrega? Não sabíamos. Entregamos, falhou, logo era descartado.

O problema era exatamente este: entregar um modelo para uma área decidir o que fazer. A melhor conduta talvez implicasse a mudança do trabalho de quem estava implementando, porque atingia a ilusão de controle que as pessoas cultivam. É muito mais racional sair do operacional, que existe para ser automatizado pela IA, e deixar para as pessoas só a parte estratégica: garantir um bom ganho para um entregador, decidir o risco aceitável com fraude, o valor da taxa de serviço, o investimento em marketing.

Quanto maior o problema, maior a vantagem da máquina

Uma coisa difícil de explicar para as pessoas: é praticamente impossível um processo manual como este ser melhor do que um processo que inclui um modelo de IA bem-feito. Uma pessoa ou um time podem até operar bem em um período curto de tempo, mas estão limitados a usar duas ou três variáveis para tomar suas decisões. Em um modelo, pode-se virtualmente adicionar quantas variáveis forem necessárias, e ele vai aprender a relação entre elas. Quanto mais complexo o problema, maiores as vantagens da máquina.

Modelos na mão e o choque da disrupção

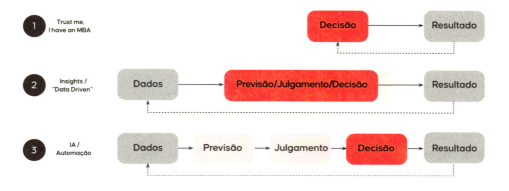

Na figura anterior, temos três estágios. O primeiro é *"Trust me I have an MBA"*, também conhecido como HiPPO (*Highest Paid Person's Opinion* ou *Highest Paid Person in the Office*) é a sigla em inglês para a opinião da pessoa mais bem paga na empresa ou na reunião, aquela que tem a última palavra nas decisões e na definição de prioridades. Pode levar a erros de julgamento baseados na intuição, na autoconfiança ou no *status* do HiPPO.

O segundo, *Insights/"Data Driven"*, mostra um cenário em que a decisão contém de maneira explícita a previsão e o julgamento. Os dados são usados para informar a decisão e acompanhá-la. É o estágio em que a maioria das organizações se encontra, mas, como os três componentes (previsão, julgamento, decisão) estão acoplados, há um nível maior de ambiguidade, que dificulta a automação e a melhoria contínua.

O terceiro é *IA/Automação*, estágio em que existe uma separação dos componentes, e os dados são usados para aperfeiçoar o sistema como um todo. Com essa separação clara, papéis e responsabilidades são redefinidos, o que permite maior especialização e melhoria contínua.

Previsão é a saída de um modelo de IA. É um método que usa dados para estimar o valor futuro de uma variável de interesse.

Julgamento é o ato de mapear o que acontece com as métricas da empresa quando tomamos uma decisão a partir de uma previsão.

Decisão é o ato de escolher, entre todos os possíveis julgamentos, qual é aquele que trará os melhores resultados.

A ideia é se mover em estágios do 1 ao 3, separando cada vez mais a previsão da decisão. Ocorreu no antifraude, com a decisão sobre as regras sendo tomada inteiramente pelo time da mesa, desacoplada depois, quando os modelos foram ligados. No caso da remuneração da pessoa entregadora, não foi possível passar para a fase 3, na qual a decisão estava acoplada às previsões, e o sistema ficou severamente limitado.

O cientista e o executivo

Com os cupons, evidenciaram-se os ruídos que atravessavam o diálogo e, ao mesmo tempo, reverberavam a urgência da digitalização em uma empresa que crescia alucinadamente. Até esse ponto, o modelo adotado pelo Marketing, que separava compradores mais ou menos certos de outros que precisavam de estímulo com um desconto, fazia sentido para uma empresa que, com investimentos pesados, conseguia um grande número de clientes via promoções e, portanto, crescimento exponencial.

Por isso, nessa fase, a política era, acertadamente, promover um dilúvio de cupons, mas sempre mirando o LTV positivo. Eles foram importantes, e essa tática agressiva foi decisiva no crescimento do iFood, porém precisava ser alterada rapidamente com a mudança do comportamento dos consumidores. Com a escala e frequência, o funcionamento precisava ser ajustado. Na nova realidade, constatou-se que havia crescido a canibalização por meio de cupons – ou seja, havia aumentado a oferta de descontos para clientes que já iriam comprar a comida de qualquer jeito e não precisavam de estímulo. Nesse ponto, coisas estranhas começaram a acontecer.

Embora o modelo de IA para gerenciar a distribuição dos cupons apontasse o problema da canibalização, ninguém queria ficar com dinheiro previamente destinado a esse tipo de ação no caixa. Enquanto houvesse recursos, eles continuavam a ser entregues, não importava se o resultado fosse a canibalização. A mera questão operacional, o "sempre foi assim", se impunha.

> Lembro um dia de estar sozinho com Bruno no escritório, tarde da noite. Nas mãos, alguns executivos do iFood seguravam uma tabelinha impressa com os investimentos em cupons. Um dinheiro violento. O Marketing queria uma análise do retorno por tipo de cliente. Eu olhei para o Bruno, ele olhou para mim, e nós dois dissemos: não pode ser. Era a decisão mais fácil de ser tomada: corta tudo. Será? Os números cheiravam a canibalismo, com cupons sendo distribuídos para quem os dados apontavam que compraria de qualquer jeito.

Naquela noite, os dois foram para casa dormir. No dia seguinte, reiteraram a decisão drástica: cortar tudo. Eram alguns milhões. A caminho de uma reunião, Bruno deixou a tarefa para Sandor.

Modelos na mão e o choque da disrupção

> Desci do quarto andar para o segundo, onde ficava o Marketing. Ali, todo dia, o time preparava um arquivo com os nomes de todos que iam receber cupom no dia seguinte. No meio de todo mundo, falei: "Podem parar o que vocês estão fazendo. Amanhã não vai ter cupom". Um do time se levantou e quis saber a razão. Outro também. E outro. Na rodinha de ansiosos que se formou, a ilustração de um diálogo truncado: por que não ter cupom? Como é que de repente não vale mais? A cifra de milhões sendo gastos não servia de argumento – o contra-argumento era que se tratava de investimento para fidelizar clientes e reter a base, que fazia sentido para o estágio passado. Mas, agora, era preciso esperar para testar se o resultado do corte de cupons ainda refletia a lógica anterior. Mais um dia, e continuamos cortando. A curva de pedidos nem se mexeu. Nos dias que se seguiram, a mesma coisa. Nada mudou. O iFood tinha simplesmente canibalizado menos. O dinheiro podia ser usado para outra coisa.

Tentações pelo caminho

Outra dificuldade foram os modelos *hypados* pelo mercado. A Uber estava adotando o *surge pricing*, prática de aumentar os preços automaticamente quando houvesse grande demanda, e o mesmo incremento era dado no pagamento dos motoristas. Se a Uber fazia, poderia funcionar ali também, aumentar o pagamento dos entregadores em um dia de grande demanda.

> Mas fazia sentido? O iFood já sabia que o pico era sábado à noite; sabia na véspera, com uma boa margem de certeza, se ia chover ou não – e sábados chuvosos eram quase como uma Black Friday do ponto de vista do volume de pedidos. Era possível prever razoavelmente quantos entregadores estariam disponíveis em cada praça. Não adiantava, no próprio sábado chuvoso, comunicar os entregadores da remuneração adicional. Diferente dos motoristas de aplicativo, eles tinham pouco tempo de ir para a rua quando o horário de pico de pedidos se estreitava, entre 7 e 9 horas da noite. Era muito melhor, com base nas informações já conhecidas, fazer o combinado na véspera.

Apesar das agruras, um novo sucesso viria marcar esse período inicial de transição: a rastreabilidade das entregas, que se tornaria central

O cientista e o executivo

na operação do iFood. Enquanto o mundo queimava caixa de maneira insana, Diego começava a demonstrar à Prosus o efeito no LTV e, logo, a possibilidade de o iFood crescer loucamente, ser rentável e garantir um bom ganho aos entregadores, algo incomum no mundo das empresas de tecnologia naquele momento.

capítulo 13

O sucesso do ETA

Muito antes do antifraude, nasceu o ETA – *Estimated Time Arrival*, o sistema para estimar o tempo que a comida leva para chegar, de preferência quentinha, na casa do cliente. Quem é do tempo em que se pedia uma pizza por telefone lembra da resposta do atendente: trinta minutinhos ou, então, trinta minutos. Qual a diferença? Sandor sorria antes de explicar sua teoria.

Na verdade, o atendente não está preocupado em acertar a previsão. Ele está pegando um telefonema um atrás do outro, está anotando, e sabe mais ou menos como as coisas andam. Mas não é trabalho específico dele observar o tempo que vai levar para a comida chegar à casa do cliente. Quando diz "trinta minutinhos", está pensando em torno de meia hora mesmo, talvez um pouco mais. Mas, se começarem a surgir reclamações, ou se estiverem saindo mais pedidos que o habitual, ele ajusta a previsão e passa a falar em "trinta minutos", sem -inho nenhum, querendo dizer uma hora.

É um tempo estimado de entrega, reativo, movido pela intuição. Mas houve uma mudança de comportamento desde a época em que essa era a norma no delivery. O que aconteceu é que, por causa dos aplicativos do tipo Uber, a tolerância do cliente com o erro ficou muito menor. Quando as pessoas começaram a usar o aplicativo, passaram a receber uma estimativa de tempo para a chegada, inclusive com um mapa na telinha mostrando o carro a caminho. A ansiedade com os serviços cresceu a partir desse momento.

No começo do iFood, era o restaurante quem cuidava de tudo, e a plataforma não tinha um sistema de acompanhamento como o do Uber.

O cientista e o executivo

Basicamente, o aplicativo só encaminhava os pedidos: a entrega era com o restaurante, assim como a estimativa de tempo. "Antes da IA", conta Bruno, "tínhamos um sistema em que o restaurante dizia que iria demorar quarenta e cinco minutos. Mas isso, independentemente do tempo, do horário, do dia, da possibilidade de ter jogo de futebol naquele momento e não ter entregador disponível. Não havia precisão nenhuma. Nós então criamos uma rede neural, imputamos muitas variáveis, e o modelo começou a predizer: se é sábado à noite, demora x; se é uma quarta, y; se está chovendo, z".

Tratava-se não só de mitigar a ansiedade do cliente, mas também de ter mais controle da operação. Entre x, y e z, seria possível mensurar o fluxo de pedidos, o tempo de preparo de cada prato, o ritmo das entregas... Era um modelo capaz de usar toda a informação disponível. Possibilitava ainda dar uma boa estimativa de eventuais atrasos devido a circunstâncias como um dia chuvoso – muito melhor ser transparente do que falar que vai levar trinta minutos quando a realidade diz que será uma hora. Para Sandor, era um projeto com vários apelos.

> **Redes neurais** (*neural networks*) são estruturas computacionais inspiradas no funcionamento do cérebro humano. Consistem em unidades de processamento chamadas neurônios artificiais, conectadas por pesos. As redes neurais podem aprender a partir de dados e ajustar os pesos de acordo com um algoritmo de otimização.

> Quando cheguei ao iFood, a empresa ainda estava no começo de seu sistema de entregas próprias. Um pouco antes, quando fui pedir demissão no Nubank, Edward Wible, então CTO, olhou nos meus olhos e disse: "Cara, a primeira coisa que você tem de fazer quando chegar lá é arrumar esse acompanhamento de pedidos". Ele abriu o aplicativo e mostrou para mim, todo decepcionado.
>
> Depois, quando sabiam que eu havia ido para o iFood, as pessoas que eu conhecia sempre elogiavam o serviço, mas todo mundo tinha uma história de terror, um pedido que atrasou ou não foi entregue. Tenho duas filhas, frequento muitas festas de criança, e isso acontecia sempre. Não era nossa responsabilidade, mas o negócio estava crescendo de tal modo que tudo passou a ficar atrelado ao iFood. Então era isto: festa de criança já é dureza, imagine participar de uma em que as pessoas com quem você conversa ficam reclamando da entrega. Era assim o tempo todo.

Com esse apelo pessoal, Sandor se envolveu no processo que já estava em andamento. Bruno Henriques queria aproveitar a experiência

O sucesso do ETA

do pessoal da Maplink. Foi um choque cultural. "Imagine só: eu chego, trago uma empresa comigo e falo para o pessoal de logística: 'Vou mudar tudo'. Claro que todo mundo ali se sentiu ameaçado", lembra Bruno. "Tinha uma resistência gigante de todos os lados, todos dizendo que não precisavam de IA, até o pessoal de tecnologia. De fato, ninguém acreditava. Os primeiros resultados foram superdifíceis de explicar até para o C-level. Perguntavam: 'Como se mede o resultado do que estão fazendo?'. Ninguém enxergava que na época estávamos só com 1 milhão de pedidos em logística, mas em três anos estaríamos com 30 milhões. Ninguém tinha essa visão de que IA seria fundamental para um futuro bem próximo. Foi bem difícil, até virar a chave."

Para quem ainda tinha dúvidas, Sandor explicava:

Imagine que eu tenho uma empresa de combustíveis. Sou, por exemplo, a Ipiranga, e preciso passar em todos os postos e abastecer de modo mais eficiente. Então a pesquisa operacional, usando vários métodos de otimização, calcula quais são as rotas que os caminhões devem seguir, quanto de combustível deve ser colocado no caminhão dependendo do trajeto, além de condições como a temperatura.

A pesquisa é essencial para que a rota seja feita com o máximo de eficiência, para que a Ipiranga entregue o máximo de combustível. Trabalhar com esses algoritmos de otimização é uma parte daquilo que é usado em inteligência artificial. Ou seja, essa área de pesquisa operacional estava começando a se virar para transformar o trabalho. É algo que lidava com previsões, mas ainda não era machine learning. Vamos continuar com o exemplo dos caminhões Ipiranga. Para otimizar o processo, é preciso saber quantos caminhões, quantos postos e quanto combustível entram na equação. É uma questão de otimização, é uma questão das rotas. Como sabemos tudo de antemão, esses parâmetros e os algoritmos se combinam para se aproximar de uma solução ótima.

Pois bem, quando esse processo começa a se misturar com machine learning? No delivery, esses parâmetros não existem de antemão, e não existe tempo para ficar rodando uma simulação. Não dá para rodar uma otimização com conhecimento total de todos os fatores que vão afetá-la: não sabemos onde nem quando vão aparecer os próximos pedidos, e quando eles surgem, são para já, não para daqui a pouco. Trabalha-se com a incerteza, e isso exige previsões.

O cientista e o executivo

A Maplink tinha começado a se especializar em IA. Era um time que entendia bastante de logística, mas estava dando uma guinada para um caminho mais promissor. Quando cheguei, eram umas seis pessoas que trabalhavam em um escritório na França. Toda a infraestrutura do ETA foi construída a partir da base da Maplink, e o sistema foi rodado e monitorado lá. Uma coisa bonita de se ver, porque foi construído todo um arcabouço na força bruta. Houve um trabalho de engenharia muito pesado do time de logística para fazer essa coisa funcionar.

Tínhamos de começar pela previsão do restaurante, que sempre era algo em torno de trinta minutos a uma hora. Ele sabe que vai chamar a atenção do cliente se colocar um tempo baixo de entrega; sabe também que, se for muito honesto e esticar a previsão para uma hora e meia, vai espantar o cliente. Todo o incentivo é para colocar uma estimativa menor, quem sabe até roubar no jogo, afirmando que entrega em vinte minutos quando vai levar o triplo de tempo.

Existem ajustes no gestor de pedidos do iFood em que o restaurante pode fazer, dependendo das circunstâncias, mas normalmente ele só usa dois modos de operação: aberto ou fechado para pedidos. O dono ou gerente pode decidir fechar sua operação naquele dia no caso de acontecer um problema e, se uma praça está bombando de pedidos e não há entregador disponível, o iFood pode fechar a praça inteira. Não é bom pra ninguém, mas pelo menos não cria uma bola de neve de atrasos, e é possível alcançar algum nível de satisfação.

E qual é faixa de satisfação aceitável? Basicamente, o sistema tinha sido ajustado para que a entrega ocorresse em uma faixa de dez minutos do tempo previsto. Se um restaurante diz que vai demorar trinta minutos, a estimativa fica entre vinte e cinco e trinta e cinco minutos; se for de uma hora a espera, a estimativa fica entre cinquenta e cinco e sessenta e cinco minutos. Quando a entrega não ocorre dentro dessa janela, quando falha o SLA (*Service Level Agreement*), o cliente fica descontente e não volta mais. Até o ETA, o SLA era em torno de 80% – ou seja, 20% das entregas caíam fora da janela, o que era péssimo. É claro que a janela era para cima e para baixo, mas raramente os pedidos chegam antes da janela, pois existem limitações da vida real. O cozinheiro não vai assar sua carne mais rápido, o entregador não vai correr mais do que o permitido (ou pelo menos não deveria), e o seu elevador não vai subir nem descer mais rápido.

O sucesso do ETA

Então imagine que, na festa de criança, uma em cada cinco pessoas tinha razão em reclamar, em me odiar. A nossa ideia era usar todos os dados disponíveis sobre a operação: saturação da praça, número de entregadores, horário, sazonalidade, clima, tempo de preparo. Existe, por exemplo, uma diferença muito grande entre um saco de pão de queijo, que está pronto na padaria, e um beirute, que precisa de um lugar na chapa para ser feito.

Com todas essas informações, com os pedidos entrando e os entregadores disponíveis, tínhamos condições de criar estimativas melhores que os trinta minutos ou minutinhos. A primeira versão do modelo tentava estimar o tempo de demora para o restaurante, porque, da maneira como a plataforma foi construída, ela já dava uma estimativa geral, sem levar em conta a dificuldade de preparar cada um dos pratos.

Isso não invalidava o projeto, só fazia que o serviço ficasse um pouco menos preciso. Às vezes, tínhamos também de ajustar dinamicamente o ETA quando se percebia um atraso – o próprio Uber segue fazendo isso quando surgem imprevistos no caminho do motorista. Não é o ideal, gera a tal ansiedade no cliente que está com fome e fica grudado no mapinha do celular. Mas é melhor mostrar que existe um controle do que está acontecendo.

Primeira versão do modelo no ar, constatou-se que o SLA tinha ido dos cerca de 80% para 95% – já eram muito menos pais contando histórias de terror nas festas de criança, um a cada vinte.

Esse modelo de ETA conseguiu prever muito bem o tempo de entrega. Precisou de um pouco de manutenção, mas funcionou com pouquíssimos problemas. É o que está em funcionamento até hoje. Obviamente, o cenário vai sendo atualizado, tornando o sistema cada vez mais robusto com o tempo, com a introdução de novas funcionalidades. Melhoramos o modelo, colocamos mais variáveis, modelamos o tempo de preparo de pratos para termos maior precisão e fazemos um acompanhamento praticamente diário.

Acertos mostram o caminho

Para Sandor, o estresse dos pais nas festinhas era fichinha. E isso revelava algo importante: diferente de outros modelos que estavam em seu

O cientista e o executivo

horizonte de metas, o ETA não afetava a vida de nenhuma área dentro do iFood. Não se esboçava nenhuma resistência dos times, e, se por acaso o sistema falhasse, nenhum conflito ia estourar, porque ele era marginal à estrutura de funcionamento da empresa. Não demandava mudar rotinas, alterar processos nem ameaçava metas. A turma da Maplink trabalhou de maneira relativamente isolada, fazendo apenas algumas interfaces com o pessoal de tecnologia para levar o modelo para o aplicativo.

Comparado com os modelos entregues "na mão", o ETA nasceu em seu próprio mundo, um sistema automatizado. Com o tempo, tornou-se central no processo de otimização do iFood. É o ponto de partida para um sistema que, mais robusto, consegue encontrar as melhores rotas e os melhores entregadores para sustentar um SLA alto e bons ganhos para eles. É uma evolução que permite ao negócio, a partir da previsão do restaurante, diminuir os custos e aumentar a remuneração do entregador, sempre respeitando a privacidade dos usuários. Quer dizer: está totalmente integrado à estrutura da empresa.

Por isso também, o ETA ainda foi fundamental para dar corpo à jornada de evolução do iFood: era o primeiro resultado concreto de um caminho tão árduo e custoso quanto a necessidade de dar forma à visão traçada no início. O processo todo tomava tempo na agenda corporativa, envolvendo muito investimento material e mudança na cultura da empresa. O time de IA tinha total clareza de que era preciso gerar uma percepção da entrega, que por sua vez garantia apoio em vez de resistência dos times de negócio. Dali em diante, ficaria mais fácil propagar e perpetuar a cultura de dados do iFood. Esse processo falava com um tema muito explicado e comunicado no iFood desde 2018: ambidestria.

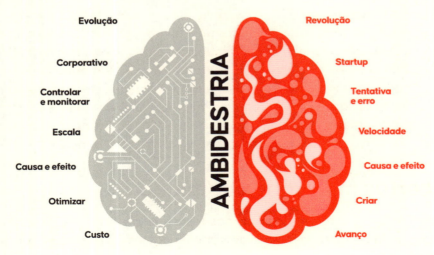

O sucesso do ETA

Se uma mudança cultural estava em andamento, a ambidestria era mais um dos componentes que estava sendo introjetado no comportamento dos *foodlovers*. Nas palavras de Diego:

> A ambidestria corporativa refere-se à capacidade de uma empresa ser eficiente em suas operações atuais e, ao mesmo tempo, inovar e se adaptar às mudanças do ambiente de negócios. Ou seja, é ter cultura, modelo de gestão e pessoas que buscam a experimentação com novas abordagens, mas também voltadas para melhorar a eficiência, otimizando os processos existentes e aprimorando a qualidade e a produtividade. O desafio é ter dois modelos de gestão (que na verdade são um só) aparentemente contraditórios, mas que permitam a coexistência dessas duas abordagens. No final, empresas ambidestras são capazes de aproveitar as oportunidades emergentes ao mesmo tempo em que otimizam suas operações. Elas são ágeis o suficiente para se adaptar às mudanças do mercado e inovadoras o bastante para criar soluções e se manterem competitivas.

O equilíbrio de crescimento com ajuste na operação na sequência criou uma mandala muito usada por Fabricio para mostrar o poder da ambidestria:

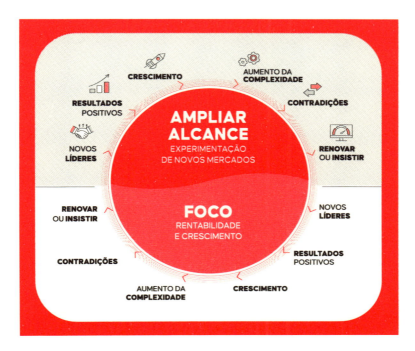

O cientista e o executivo

A visão é a de que a ambidestria é essencial para as empresas que querem sobreviver e se destacar na era da disrupção, quando surgem novas tecnologias, concorrentes ou demandas que mudam as regras do jogo. A disrupção pode ser uma ameaça ou uma oportunidade, dependendo de como a empresa se prepara e reage. No caso do ETA, o iFood conseguiu ser ambidestro, separou os mundos e deu tempo para o time construir e promover a evolução da ferramenta.

capítulo 14

O Plano de 100 Dias

Com o sucesso de um ou outro modelo, a evolução da empresa já era dada como certa, bastava não abrir o flanco para o inimigo: o culto aos velhos hábitos. Mas o "Olho de Sauron" estava atento, e todo mundo sabia. Até que veio a crise dos chargebacks, aquela dos tais Land Rovers que tiraram o sono de Diego e de mais um bocado de gente, narrada no início deste livro.

Pois bem, uma nova *head* acabara de assumir a área de prevenção de fraudes, Thais Redondo. Era experiente, sete anos em operação de risco, com passagem pelo Mercado Livre, portanto, já sabia que na Nova Economia não haveria zona de conforto. Só não esperava encarar o Armagedon com quinze dias de empresa.

A área de fraude vinha de um recente processo de internalização, e o time ainda não estava estruturado quando explodiu o número de operações falsas, com prejuízo na casa dos milhões. Ninguém conseguia identificar o tamanho do problema, muito menos ter ideia de como corrigi-lo. Ações imediatas: rever as regras de liberação das operações, trazer uma empresa externa para ajudar, criar processos de controle... nada surtia efeito. Se as torneiras fossem fechadas para estancar a perda financeira, o cliente bom não conseguiria transacionar, o que tornava a dor dupla: perder dinheiro – muito – e o cliente também, porque, sem ter uma boa experiência na plataforma, ele simplesmente dava tchau.

Em *home office*, a equipe, com dez profissionais na época, mal dormia. Thais ficava 12 horas seguidas diante do computador, muitas vezes sem almoçar. Passava as madrugadas no telefone com a diretora da área, Karina Louzada, tentando encontrar a saída. O pessoal de dados foi chamado para ajudar. Dois times: a turma de *data analysis*, com a tarefa de entender um pouco mais sobre os perfis, e a equipe de *data science*, focada em

O cientista e o executivo

transformar o modelo de prevenção de fraudes e descobrir uma maneira de apontar, em larga escala de transações, como prever o futuro – de modo escalável e inteligente – com base no comportamento passado.

Algumas respostas começaram a surgir, mas não na velocidade e na intensidade que o iFood precisava. As ações eram de desespero: quando se detectava um possível problema, todos corriam para tentar resolver. Até estourar outra ponta, e a correria mudava de rumo. O caos já tinha levado Diego a assumir a área, e com ele havia chegado, em parceria com Stecca, o Plano de 100 Dias. Diego havia parado tudo e identificado a causa raiz: gestão. Implementou o modelo de gestão do iFood, que tem seu DNA no da Movile. A primeira semana ainda foi bastante caótica. Thais só pensava: *O que estou fazendo de errado? Não consigo enxergar.* Quando revisou o Plano de 100 Dias, percebeu que estava muito alinhado com o que já vinha sendo construído, mas trazia um modelo de gestão bastante forte. E isso mudava tudo.

O Plano de 100 Dias estabelecia uma estrutura conceitual de gerenciamento e operação abrangendo as principais práticas, processos e princípios que orientavam as atividades, e também como as decisões seriam tomadas e implementadas. Permitia organizar e endereçar as demandas com assertividade. Traçava metas e ações para que cada etapa fosse executada. Olhava incansavelmente para problem solving via FCAs. *Como vou fazer isso? Quais movimentos serão necessários? Quem vai me ajudar? Qual área será responsável por tal tarefa?* Depois, dia a dia e, mais tarde, semana a semana, e então, mês a mês, os tomadores de decisão envolvidos na crise se reuniam para prestar contas sobre o avanço das demandas. *O que estava previsto foi feito? Teve o resultado esperado?*

> **FCA** (Fato, Causa e Ação) é um método de análise de problemas que busca identificar o fato, a causa e a ação para solucioná-lo. É usado para melhorar processos, produtos ou serviços.

Se sim, todos seguiam para a próxima casa. Resposta negativa: *o que podemos fazer diferente?* Com esse ritual, era possível corrigir a rota com rapidez. Como as ações estavam bem definidas, as pessoas ganhavam autonomia e conseguiam trabalhar de modo mais eficiente. Esse modelo de gestão permitiu não só endereçar melhor as ações como também dar visibilidade aos líderes. Todos passaram a ter mais segurança, porque sabiam o que esperar em cada atualização.

"Foi um período difícil, mas em nenhum momento senti medo de ser demitida", conta Thais.[25] "Na minha primeira conversa com Diego, ele me

---

25 Thais Redondo em entrevista concedida aos autores no dia 10 de agosto de 2022.

O Plano de 100 Dias

deu o livro *Care to dare*[26] e disse: 'Sua área está em crise, e você é nova na empresa. Deve estar com uma preocupação muito grande. Vou prepará-la. Começaremos juntos e depois você segue sozinha'. Depois disso, passamos a ter conversas bastante transparentes, com provocações que me ajudaram a mudar de patamar", lembra.

A proposta implementada por Diego trazia ainda a incorporação de maneira rápida de um corpo de profissionais que não conhecia fraude, mas tinha *expertise* em dados. Pessoas que haviam trabalhado no ramo de aviação, agronomia, gente que fazia coisas incríveis com dados já estavam na mira do CFO para uma eventual necessidade. Ele havia transformado em rotina o trabalho de dedicar um tempo da agenda para conhecer profissionais com capacidade de aprendizado e alto potencial. Esse banco de talentos foi a chave para montar o novo esquadrão. E deu certo. O pessoal de dados conectava as áreas e comandava a aplicação da inteligência artificial, transformando regras em modelos de machine learning, o que, somado ao modelo de gestão, acabou resolvendo o problema.

> **Eu mesmo conduzi diretamente o processo de contratação de um time adicional de pessoas, sem o time de People. Quis mostrar o que era empreender e ter senso de dono. Esse movimento foi simbólico para definir a régua comportamental para todo o time.**

Mas o medo do novo sempre esteve à espreita. E isso ficou claro logo nas primeiras semanas de integração. "A resistência surgia em frequentes ataques", relata Wu Hsien Ming,[27] um dos primeiros a trabalhar na criação do novo motor antifraude do iFood.

De fato, a empresa tinha até então um modelo muito ruim. Era preciso refazer tudo – e em meio a uma pressão que chegava de todos os lados. Os primeiros dois meses antes do Plano de 100 Dias foram de terror. As áreas apontavam falhas sem dó, como sempre foi feito no iFood: transparência radical. Todos os processos estavam muito falhos. Uma das lições mais importantes dessa crise foi que a inteligência artificial sozinha não resolve tudo. É preciso cuidar do entorno. Não adianta ter um modelo perfeito se a falha sistêmica permanece. No caso da fraude, foi preciso criar uma gestão de risco para que os recursos de IA dessem retorno.

---

26 KOHLRIESER, G.; GOLDSWORTHY, S.; COOMBE, D. **Care to dare**: unleashing astonishing potential through secure base leadership. New Jersey: Jossey-Bass, 2012.

27 Wu Hsien Ming em entrevista concedida aos autores no dia 18 de agosto de 2022.

O cientista e o executivo

Milagres não existem

Um dos primeiros projetos feitos pelo time de *data science* foi elaborar um modelo para acabar com cadastros *fake*. Naquela época, o iFood ainda tinha dificuldades de detectar restaurantes falsos com a velocidade e a precisão que o mundo dos fraudadores exige. Wu fez esse trabalho em uma semana, e seu modelo reduziu o prejuízo em 2 milhões de reais por mês logo de cara. Antes do Plano de 100 Dias, o time de dados dizia para o resto da companhia: "Estamos dirigindo um carro sem retrovisor. Precisamos de retrovisor!". De modo mais claro: era impossível construir um modelo antifraude eficiente sem um sistema de notificação de débitos que apontasse as transações ruins. Metade do tempo dessa turma era gasto organizando dados que precisavam ser conciliáveis para que fosse possível construir sistemas já pensando no futuro. O Plano dos 100 Dias, segundo Wu, definiu as demandas e obrigou cada área a dar os retornos necessários. Acabou a chance de jogar a culpa no modelo e esperar por um milagre.

Os atritos eram do tamanho das dificuldades, a começar pela definição de fraude. Na época, um consumidor podia comer quase de graça usando alguns recursos da plataforma. Qual o limite para saber se aquela pessoa é apenas uma usuária que explora bem o que o iFood oferece ou uma fraudadora? As regras precisavam ser definidas para que o modelo automatizasse as decisões. A questão era convencer os times de que a inteligência artificial não é bala de prata. Deixar para o modelo toda a responsabilidade não funciona.

Com a questão da fraude, isso se tornou concreto. O modelo estava tomando gols porque a decisão era ruim, e o nível de fragilidade era grande, a ponto de nem todos os telefones de cadastro dos usuários da plataforma serem validados. Dores das altas taxas de crescimento... Até que um dia o modelo caiu. Travou tudo. "Sabe aquela história do carro velho? Decidimos largá-lo na rua e construir um novo, a partir do zero. Com quatro pessoas e um sistema no entorno que ainda não estava maduro", lembra Wu. O sistema era falho, nada parecia seguro, mas eles tinham de fazer do antifraude um dos primeiros "carros novos". E fizeram.

A principal questão aqui é que a inteligência artificial pode detectar fraudes, mas, para isso, os computadores precisam de dados sobre as transações normais e as fraudulentas. O problema é que nem sempre os dados são bons. Às vezes eles podem estar errados, incompletos, desatualizados ou enviesados. Isso é chamado de lixo. E, se os computadores usam lixo para aprender, eles vão produzir lixo também. É o que se chama de *garbage in garbage out*.

O Plano de 100 Dias

E tem mais: você se lembra da história dos cupons e promoções? Lembra do DFN? Do lanche a 1 real? Imagine que isso leva a uma criação nunca antes vista de contas novas. E sabe quem adora criar contas novas? O fraudador, claro!

Se a empresa não cuidar dos dados dessas contas, criando validações, *checks*, acompanhamentos etc., o que vai aparecer no sistema é que contas novas terão alta probabilidade de serem fraudes. E o que acontece com o sistema de antifraude que é frágil? Bloqueia tudo! E o que acontece com os resultados de marketing? Não crescem!

Tempestade perfeita

Thiago Cardoso, um dos contratados na operação de *acqui-hiring* da Hekima, liderou o time de *data* e desenhou a estratégia tecnológica do Plano de 100 Dias. Foi para ele que Sandor delegou a tarefa de arrumar a casa. "O problema do chargeback surgiu como uma tempestade perfeita. Era um time novo, os sistemas ainda estavam sendo definidos, e não tínhamos tempo. Estávamos em uma situação vulnerável, com muita pressão, por isso o atrito era inevitável. Para se ter uma ideia, eu tinha de convencer algumas pessoas a sentar na mesma mesa", lembra Thiago.[28]

Mas ele se manteve confiante. "Tínhamos um plano, sabíamos que iria dar certo. Porque não se tratava de olhar para o problema e não saber como resolver. Era o contrário: víamos que tinha muito a ser feito, e isso nos dava confiança, sabíamos que dezenas de coisas diferentes deveriam ser implementadas, uma delas com certeza traria o resultado esperado, mas precisávamos construir a solução."

Na costura entre os times estava Sarah Távora, profissional designada por Diego para acompanhar diariamente o plano. Ela já vinha trabalhando com ele no modelo de gestão na empresa, por isso sabia bem onde estavam os gargalos: "Criar métricas de sucesso para avaliar os resultados era um dos principais pontos da estratégia de gestão que vínhamos implementando no iFood. Tínhamos como princípio que, se você não consegue usar métrica correta, não consegue controlar, muito menos melhorar. Além disso, um gestor não consegue contribuir ao máximo com seu time. E isso deveria valer para todas as áreas".[29]

---

28 Thiago Cardoso em entrevista concedida aos autores no dia 16 de novembro de 2022.

29 Sarah Távora em entrevista concedida aos autores no dia 11 de novembro de 2022.

O cientista e o executivo

Antes recebidas *top down*, as metas passaram a ser estabelecidas pelos próprios times. "Essa foi uma das maiores mudanças, porque nos ajudou a criar adultos responsáveis, a garantir senso de dono", lembra Sarah, que agora, junto com o time, tinha *skin in the game*. Outro ponto foi montar equipes de acordo com a cultura da empresa. "Dizíamos que o iFood é para todos, mas não é para qualquer um, ou seja, todo mundo era bem-vindo, mas nem todos conseguiam se adaptar."

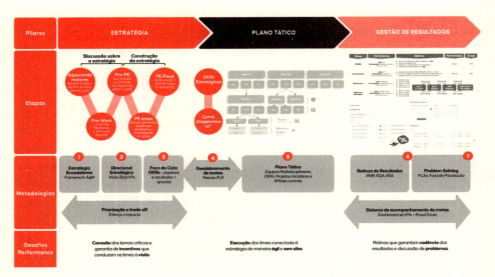

Quando chegou a crise, Sarah sabia que a saída estava na estratégia adotada. "Primeiro, fizemos a organização estrutural do time: as pessoas eram boas, mas não sabiam qual caminho tomar. Segundo, criamos cadência de trabalho, com reuniões para discutir apenas o que estava pré-determinado. Todos tinham de chegar com fatos e dados. Usávamos uma planilha geral com acesso para todos os gestores, e qualquer pessoa de qualquer área deveria olhar para aquilo e entender o que estava escrito. Essa visão holística era muito forte no projeto, e o objetivo era tirar os gestores do dia a dia para que pudessem enxergar o todo e interferir no que realmente importava. Diego ouvia as pessoas nas reuniões, e a regra era sempre manter o foco nas prioridades. Quando alguém desviava um pouquinho da pauta, ele dizia: 'Não quero falar sobre isso. Meu tempo é para tratar sobre a questão X e é sobre ela que eu vou conversar com você'. No começo, as pessoas ficavam com aquele sentimento de 'poxa, eu queria tanto abordar tal tema', mas, depois, todos iam para as reuniões sabendo o que era importante, o que merecia ser discutido naquele momento, e foi assim que conseguimos encontrar as saídas", conta Sarah.

Contra a inércia das estruturas organizacionais

Na dinâmica do dia a dia, tinha ficado claro para todos que o robozinho no fim de cada apresentação não significava mágica nem milagre. Ao contrário dos modelos entregues "na mão", como dizia Sandor, o antifraude fora bem sucedido porque havia mexido com os processos internos do iFood, conseguindo desacoplar as decisões dos julgamentos e das previsões. Todo mundo precisou se movimentar, funcionando como um catalisador para acelerar a integração da área do antifraude. E este, para Sandor, era um aspecto crucial no que revelava da organização da empresa.

Há uma hierarquia, um organograma de uma empresa, que geralmente é uma pirâmide. Dependendo da empresa, é uma pirâmide bem alta, com diversas camadas que vão se afunilando nas lideranças. Em uma empresa complexa como o iFood, em que é preciso equilibrar pilares diferentes – entregador, cliente e restaurante, mercado, farmácia, pet shop... –, é inevitável que os assuntos que dizem respeito a cada um sejam afunilados em algumas pessoas chave.

Imagine que cada um desses pilares tem um interlocutor na empresa: todos os assuntos relacionados ao cliente acabam batendo em uma mesma liderança para tomar as decisões; todos os assuntos relacionados ao entregador batem em outra liderança; todos os assuntos relacionados a restaurante chegam a uma terceira. E elas se organizam em grupos pequenos, em estilo comitê, para tomar decisões.

São pessoas que estão na parte de cima do organograma e nem sempre conversam. Por exemplo, o CTO da empresa precisa discutir com o diretor de restaurantes para poder resolver um *bug* ou adicionar uma nova *feature* na tela dos restaurantes. Mas eles estão a cinco, seis, sete níveis de distância! A dor da pessoa que vive o dia a dia, sentindo o problema, fica longe.

Quanto mais vertical é o organograma, mais difícil esse diálogo, essa integração, e isso atinge a maioria das empresas da Velha Economia.

O cientista e o executivo

O fenômeno foi muito bem expresso na *Conway's Law*, ideia formulada em 1967 pelo programador Melvin Conway que, adaptada aqui, estabelece a necessidade de comunicação entre as diversas áreas para garantir que as soluções funcionem. Em outras palavras, a Lei de Conway sugere que a estrutura de comunicação de uma organização influencia diretamente a estrutura e a arquitetura dos sistemas de software que ela desenvolve. Se uma organização tem departamentos ou equipes que se comunicam pouco entre si, é provável que os sistemas de software também sejam divididos em componentes com pouca integração. Por outro lado, se a comunicação entre as equipes é intensa e frequente, é mais provável que os sistemas de software sejam projetados de maneira integrada e com boa comunicação entre seus componentes. Essa lei destaca a importância da comunicação e da colaboração eficazes dentro das equipes e também ressalta que a estrutura organizacional e a cultura da empresa podem ter um impacto significativo na arquitetura dos sistemas que ela produz.

Se uma crise com os restaurantes for pequena, ninguém na empresa fica sabendo, não ganha ressonância. Mas se o NPS *(Net Promoter Score)* desabar, o problema começa a escalar dentro da diretoria. Se for alguma questão técnica que está atrapalhando os restaurantes, o diretor da área vai falar com o diretor de tecnologia. É uma *feature* em um sistema que está atrapalhando a vida do restaurante e podia ser melhor. Então, o que o diretor de restaurantes faz? Vai falar com o de tecnologia, que, por sua vez, mobiliza o time para priorizar essa nova funcionalidade.

Perceba o que acontece: o problema surgiu na base da pirâmide, do lado do atendimento aos restaurantes, subiu até a diretoria da área, que o repassou para a diretoria de tecnologia, que mandou o caso de volta à base da pirâmide, só que em outra área. Uma volta completa com a agilidade de um transatlântico – não de um *jet ski*, que era o que todo mundo queria e precisava.

Esse percurso – da identificação do problema até uma solução na ponta – pode levar um ano! São seis meses só para um negócio ser identificado, subir a pirâmide inteira, descer, ser desenvolvido e implementado, ainda que em uma primeira versão. É o tipo de coisa que atrasa demais as inovações.

Organogramas rígidos são um empecilho à agilidade, e o ideal, no exemplo em questão, é que houvesse um ou mais times responsáveis por

O Plano de 100 Dias

fazer o restaurante feliz. Eles teriam autonomia e capacidade de construir e implementar novas *features* no sistema para resolver na hora os problemas. Ou seja: em vez de ter poucas pessoas cuidando de um dominio muito amplo, o ideal seria mobilizar muitas pessoas cuidando de dominios bem específicos.

Quando entrei no iFood, algumas estruturas da Movile Pay – fintech criada pela Movile e pelo iFood, mas hoje integrada ao iFood – estavam começando a ser desenvolvidas como se fossem um ecossistema, de modo a gerar sinergias entre as empresas do grupo. Uma delas era a área de antifraude. Ou seja, quem fazia o antifraude do iFood – e de ponta a ponta – era a Movile Pay.

Há um organograma do iFood e um organograma da Movile Pay. Lá no topo, os dois foram acionados quando os executivos tomaram a decisão de que o antifraude seria feito pela Movile Pay. Nesse momento, a diretriz desce no organograma da Movile Pay, que vai estruturar um time para cuidar do antifraude, recebendo dois objetivos bem simples para atingir: aumentar a conversão de pedidos e baixar o índice de fraude em cartão de crédito.

Mas o que acontece? Essas duas estruturas – da Movile Pay e do iFood – estavam distantes e não tinham incentivos alinhados entre elas. A Movile Pay precisava bater as metas acordadas, mas não era pressionada a dar um passo extra, melhorando o produto. Isso sem falar que era levada a cumprir sua meta do jeito mais barato possível. Por outro lado, no iFood, existiam áreas de marketing e crescimento empenhadas em trazer o número máximo de clientes para dentro da plataforma. Ora, se eu quero trazer o máximo de clientes, minha iniciativa se choca com as metas da Movile Pay, que estabeleceu, digamos, ter 1% de fraude no máximo e taxa de aprovação de 90%. Esses percentuais podem não ajudar a trazer novos clientes. Por isso, uma decisão assim deveria ser do iFood (e não da Movile Pay). Por hipótese, talvez valesse sofrer mais fraudes para deixar mais clientes bons entrar.

O desenho de organograma desacelerava a solução. O fato é que as metas das duas empresas estavam em conflito, e a Movile Pay tinha pouco incentivo para buscar uma solução disruptiva. Por isso, as duas partes estavam lutando uma contra a outra, sem dar respostas, sem produzir uma inovação que colocasse ambas em novo patamar. De novo, lembrando o velho Ford, era como buscar um cavalo mais rápido, não um carro.

O cientista e o executivo

Não que a Movile Pay não soubesse da precariedade do sistema, mas as soluções que propôs antes de a crise estourar acabavam mergulhando na espiral de tempo, com os investimentos necessários na mesa de antifraude travados no sobe e desce da pirâmide. Esse percurso, demorado, foi o que levou o sistema ao limite antes que ficassem evidentes quais caminhos precisavam ser trilhados para a verdadeira mudança no iFood.

Foi a explosão dos chargebacks que acelerou o processo, rompendo a inércia das estruturas organizacionais. O Plano de 100 Dias montou um *squad* com um *single thread leader* para resolver o problema e quebrou o organograma, com o antifraude absorvendo o pessoal da ciência de dados. O objetivo era não só conter a sangria, mas também tornar a área estratégica para a empresa.

> **Single thread leadership** é uma inovação desenvolvida pela Amazon que enfatiza a importância de uma única pessoa, sem responsabilidades concorrentes, possuir e liderar uma equipe em direção a um objetivo específico. O líder de thread é responsável por transformar a estratégia em resultados reais e tem 100% de foco no seu projeto. Esse método exige que os líderes continuem inovando em seus produtos.

> Quando rompemos o organograma, as ações ficaram muito mais rápidas e localizadas, porque a partir daquele momento não era mais necessário que as decisões subissem. Não havia mais pirâmides a escalar. A ordem era: "Resolvam. Vocês têm um domínio bem específico e sabem o que precisam fazer para deixar o iFood melhor. Façam. Se der errado, voltamos".

capítulo 15

Mindset
shippador

Todo mundo na casa ainda dormia quando, às cinco da manhã, Sandor pulou da cama para a sua partida de RPG. Essa era a hora mais sossegada do dia desde que a infância tinha sido ultrapassada pelos afazeres da vida adulta, e muito especialmente desde que havia chegado ao iFood, com os meses intermináveis em que enfrentou obstáculos para botar os modelos de pé. Naquele momento de paz, entretanto, a luta não se daria em meio a prazos e metas, mas entre masmorras e dragões, uma era das trevas que não tinha a ver com dados submersos à espera de que a máquina começasse a traduzi-los em aprendizado. Teclado e mouse na mão, ele embarcava nessa Idade Média com prazer redobrado, com o tempo das luzes já despontando no horizonte. No iFood, ele estava, claramente, mudando de fase. O iFood passava de nível...

Entre os itens mais especiais coletados nessa aventura se destacavam dois *papers* científicos, publicados em setembro de 2020 em dois dos mais conceituados veículos de tecnologia do mundo, o NeuRIPs[30] e o RecSys[31] – um bônus e tanto depois de atravessar a floresta escura das fraudes. E eles tinham tudo a ver com o que havia sido feito logo no princípio da mudança da empresa, ao mesmo tempo em que explicavam a desconexão entre as áreas técnica e de negócios.

30 SANTANA, M. R. O. *et al.* MARS-Gym: a gym framework to model, train, and evaluate recommender systems for marketplaces. **Cornell University**, 30 set. 2020. Disponível em: https://arxiv.org/abs/2010.07035. Acesso em: 16 ago. 2023.

31 SANTANA, M. R. O. *et al.* Contextual meta-bandit for recommender systems selection. **ACM Digital Library**, 22 set. 2020. Disponível em: https://dl.acm.org/doi/fullHtml/10.1145/3383313.3412209. Acesso em: 16 ago. 2023.

O cientista e o executivo

Lá no comecinho do jogo, para ajudar a construir a área de inteligência artificial, Bruno Henriques havia recrutado a ajuda de vários especialistas. Entre eles estava o professor Anderson Soares, da Universidade Federal de Goiás (UFG), uma das maiores autoridades do país no campo de IA. Ele tinha um laboratório de trabalho e chegou para fazer uma avaliação da capacidade de dados na empresa, sempre em contato com Sandor.

A ideia era usar o aparato da academia para criar algo que pudesse ser implementado pelo negócio, com o professor e seus alunos à frente de pesquisas a partir de dados do iFood. Isso ainda no comecinho de 2019. Foi uma experiência pedagógica que mostrou o choque de cultura entre a academia e a empresa. Por ser um instituto acadêmico, o tempo de desenvolvimento de um algoritmo pela turma do professor Anderson era bem diferente do que o iFood esperava. Nós mandávamos os dados para a universidade, três meses depois voltava o resultado, e então tínhamos de implementar a ideia, fazer aquilo funcionar no nosso tamanho. Mas havia uma distância de expectativas entre o que o pesquisador poderia entregar e o que o iFood esperava. São mundos muito diferentes, e o momento no iFood exigia outra abordagem. E não só com a academia. Várias iniciativas de disrupção criadas com o auxílio dos cientistas de dados da Prosus também falharam miseravelmente por conta da dificuldade em levar o trabalho de pesquisa para a vida real. No fim, constatamos que a parceria com a equipe do professor Anderson nos permitiu fazer o que tinha de melhor em ciência, mas fomos incapazes de obter resultados reais com aquilo.

Um dos *papers* publicados falava sobre como criar um sistema de recomendação de comida com múltiplos objetivos, o que implica identificar as preferências de cada usuário da plataforma com atenção ao que é bom também para o negócio. O aplicativo mostra ao cliente opções que fazem sentido para o seu gosto, mas precisa levar em conta que um restaurante muito distante do endereço de entrega significa mais custo e acaba sendo insustentável.

O texto trata justamente do desenvolvimento de modelos capazes de administrar esse equilíbrio delicado. Da possibilidade de ter recomendações de bons restaurantes próximos, de fazer o consumidor feliz com o menor custo de logística. Isso também significa mostrar ao consumidor que vale a pena experimentar restaurantes novos, o que resulta em maior fidelização na plataforma.

Mindset *shippador*

O primeiro modelo de recomendação foi ao ar no dia 23 de dezembro de 2019. Sandor lembra do pé atrás com a data. "Vocês querem fazer plantão para ficar monitorando esse negócio? Vai funcionar ou não? E se der ruim no Natal?" Não deu. Mas era ainda uma versão simples, bem diferente da apresentada no *paper* que seria publicado apenas em setembro do ano seguinte, porque não podiam esperar até ter um modelo submetido aos rituais acadêmicos para colocá-lo no ar.

Enfim, o trabalho rendeu prestígio para a equipe, mas internamente já se sabia que, para passar de fase na jornada do iFood, seria necessário criar produtos que se adaptassem à empresa e levassem em conta sua cultura. Era muito melhor ter um sistema simples, que pudesse ser pilotado pelo time de negócios e permitisse ajustes rápidos de parâmetros do que um modelo suprassumo da ciência, mas sem agilidade. A empresa precisava de vários modelos no ar que possibilitassem aos times ligar, desligar, trocar... Só assim era possível decolar. Novamente, priorizava-se, como se deve, não a perfeição, mas a velocidade – o que é fundamental para tangibilizar a visão. Outro ponto importante é o *skin in the game*, pois, quando terminada a fase de pesquisa, o pesquisador vai embora, e os times herdam o modelo para manter. Desenvolvimento contínuo (mindset *shippador*) também não bate com esse mundo acadêmico, pois as entregas são feitas de uma vez ou em pedaços grandes, o que é difícil de gerenciar em um ambiente ágil.

Recomendação é um tipo de sistema de aprendizado de máquina que usa dados sobre as preferências ou os comportamentos dos usuários para sugerir itens ou ações relevantes.

MAB é um framework de aprendizado de máquina em que um agente tem de selecionar ações (braços) para maximizar sua recompensa cumulativa a longo prazo. Em cada rodada, o agente recebe alguma informação sobre o estado atual (contexto) e então escolhe uma ação baseada nessa informação e na experiência adquirida em rodadas anteriores. No fim de cada rodada, o agente recebe a recompensa associada a ação escolhida.

Reinforcement learning é uma técnica de aprendizado de máquina em que um agente aprende a se comportar em um ambiente realizando ações e recebendo feedback. O agente visa maximizar recompensas por boas ações e minimizar penalidades por más ações. O aprendizado por reforço é um sistema autodidata que aprende por tentativa e erro.

Tinha um aprendizado ali sobre o tempo da ciência e o do negócio, e no mesmo período os resultados dos projetos em que estávamos trabalhando começavam a mostrar a importância do "fazer junto". O pessoal passou a gostar de IA porque conseguia mexer. Eles viam a ferramenta em ação. Tinham influência sobre o desenvolvimento do modelo, e isso foi fundamental para a transformação de mentalidade.

O cientista e o executivo

Do lado *tech*, a mentalidade que estava emergindo era de que o time precisava conseguir entregar muito rápido. Muito rápido mesmo. É o mindset *shippador*. Trata-se de construir um pedaço de código, entregar as peças do código que vai ter de funcionar em produção, acompanhá-lo e por aí vai.

Acontecia uma coisa bem legal no Nubank. Lá, tinha um gongo no nosso andar, e sempre que uma pessoa *shippava* um código para produção, ela dava uma gongada, e todo mundo parava o que estava fazendo para bater palma. Nós acabamos trazendo esse comportamento de celebrar para o iFood – obviamente não dava para gongar porque estava todo mundo espalhado, mas comemorávamos tudo aquilo que era entregue para produção – e continuamos celebrando todos os modelos colocados no ar. Isso é muito de cultura de empresa de tecnologia. E não era o *modus operandi* do iFood, o *modus operandi* era: fazer uma coisa e mostrar em uma apresentação. Mas o Excel e o PowerPoint aceitam tudo. O jogo mudava quando um modelo era colocado para rodar e começava a tomar uma decisão sozinho. E é isso que cultivávamos ali dentro.

capítulo 16

Pandemia e Dia dos Namorados macabro

Havia, no entanto, outros obstáculos no caminho. No início de 2020, a tensão com a sangria das fraudes tinha passado, mas, de uma hora para outra, era como se a escuridão tivesse baixado em torno de tudo, com a chegada da Covid-19. Máscaras, quarentena, *home office* e restaurantes fechados ao público, em uma situação em que só a entrega em casa podia evitar a quebradeira geral e garantir a sobrevivência de muitos. O que foi uma pressão ainda maior para o iFood. A empresa precisava ser ainda mais rápida diante da realidade que se impunha, com uma inevitável disparada da demanda.

"O delivery virou energia elétrica: se não funciona, tudo para no mundo", lembra Stecca.[32] "Diferentemente de muitas empresas, que precisaram desacelerar, nós tivemos de acelerar. Do dia para noite, o iFood quadruplicou de complexidade em todas as variáveis possíveis."

Todos estavam com a cabeça voltada a encontrar soluções para manter os restaurantes vivos. A segurança dos entregadores era outra grande preocupação. Era um momento em que a pandemia era toda feita de incertezas sobre o contágio. Havia o temor de as entregas serem um vetor.

---

32 Flávio Stecca em entrevista concedida aos autores no dia 11 de abril de 2023.

O cientista e o executivo

As dúvidas eram replicadas no negócio: ia ter demanda? O entregador poderia ter contato com o cliente? O movimento seria mais forte ou mais fraco? Todo mundo estava tentando entender o cenário, e a grande prioridade dentro do iFood era dar viabilidade financeira para os restaurantes, garantir a segurança do cliente para receber os pedidos e assegurar que o entregador estaria saudável para fazer o seu trabalho.

Foram criados vários programas. Um deles antecipou quase 20 bilhões de reais sem custo financeiro para os restaurantes. Outro estabeleceu parâmetros para entregas sem contato. Outro ainda distribuiu itens de proteção individual para os entregadores desenvolvendo uma logística que evitasse aglomerações e não reduzisse os ganhos. E tudo era feito com os times reunidos no Google Meet e grudados em tempo integral no Slack, tendo de dar conta de demandas inéditas, mapear riscos e encontrar respostas para mitigá-los em questão de horas.

Antes da pandemia, o Slack já era essencial para a comunicação interna – e para as cobranças. O iFood tinha escritórios em Osasco, Campinas, Belo Horizonte e, fora do país, em Portugal e na França. Não estar na mesma sala já era corriqueiro. Como estavam explodindo novidades, às vezes acontecia uma emergência, e iam todos para um *war room*. O sistema monolítico dava as caras, mas, com todo mundo se virando no "novo normal", junho chegou. Diego se lembra bem de como tudo aconteceu.

Datas comemorativas são óbvias no iFood. É fácil saber quais são as de muita ou pouca demanda. Véspera de Natal, por exemplo, é a pior de todas, porque faz parte da tradição das famílias se reunir e cozinhar. Ninguém pede comida. Carnaval já aparece como a melhor data, porque as pessoas passam o dia nas ruas e chegam em casa cansadas, não querem cozinhar. Então o movimento é alto. Dia dos Namorados, tradicionalmente, era uma data ruim. Em circunstâncias normais, os casais preferem comemorar fora de casa, com um jantar romântico em um restaurante, ou, se ficam, cozinham como maneira de presentear o parceiro ou a parceira com um prato especial.

Mas o 12 de junho de 2020 seria diferente por conta das circunstâncias que o mundo inteiro estava enfrentando, com todos os restaurantes fechados. A dinâmica de cozinhar também estava comprometida – crianças em casa, muita gente enrolada com o *home office* e as tarefas domésticas, boa parte sem poder contar com o suporte dos pais ou de funcionários.

Pandemia e Dia dos Namorados macabro

Naquela noite, uma sexta-feira, montei uma mesa bonita no jardim, coloquei as crianças para dormir e abri um vinho para comemorar a data com Carol. Ela amou a surpresa. O jantar viria, claro, pelo iFood. Conversa vai, conversa vem, e eu, que só bebo socialmente, me peguei um pouco alegre. Ué? Como assim? Foi então que percebi: já tinham ido duas taças, algo estava errado. Conferi o horário no aplicativo e gelei. Caiu a ficha. Não demorou muito, chegou a primeira mensagem: com a ficha, havia caído também o iFood. Em seguida, Fabricio ligou: "Cara, caiu tudo!".

Ao mesmo tempo, começaram a chegar, sem parar, mensagens no celular – amigos querendo avisar do problema ou curiosos para saber o que estava acontecendo. Foi uma noite longa no WhatsApp e *trend* no Twitter. Na mesma hora, escrevi para o Stecca: "Sei que deve estar sendo difícil. Não vamos conversar agora porque você tem uma prioridade muito maior do que falar comigo. Não tenho nenhuma grande ideia para lhe dar, só desejo sucesso". Você precisa se recolher na sua insignificância quando não consegue agregar. O que era possível fazer estava sendo feito, a mim cabia deixar o pessoal de *tech* trabalhar para voltar o mais rapidamente nas poucas horas que restavam para comemorar.

Logo, o assunto dominou as redes sociais, com milhares de pessoas se queixando da falta de entrega. Outras relataram lançamentos de cobranças de pedidos não concluídos. Todos "metendo o pau". O lado engraçado é que a concorrência, que começou a fazer graça no Twitter com a situação, passou a ouvir umas verdades. "A Rappi continua firme e forte aqui pra te ajudar nessa sexta!", gritava um tuíte, que de pronto recebeu a resposta de um usuário: "Firme e forte uma porra, esperando desde as nove da noite... São uma da manhã". "Namoradx bom é aquele que não falha na hora H", tuitou a Rappi em nova investida. "Então é cupom o que vocês querem? Use o cupom AIFOD e garanta o jantar a dois!" era o texto de outro tuíte de gosto mais que duvidoso. A maioria dos usuários não achou graça. "5 reais de desconto? Tá de sacanagem, prefiro o iFood voltar", respondeu um. Outro: "Faz gracinha pra caralho, mas não entrega na minha região". Outro para a conta da Rappi: "Depois de DUAS HORAS tive que cancelar o pedido. Vcs nem suporte deram. Trabalho de lixo". No LinkedIn, outra usuária ponderou: "Não dá pra criticar o concorrente se o seu serviço deixa a desejar: atinge menos bairros, não oferece benefícios e também apresenta problemas de entrega recorrentes". Com o disparo no pé, a Rappi teve de passar a noite respondendo invertidas de seus clientes.

O cientista e o executivo

Na Mooca, Sandor fazia seu pedido. Ele não chegou, claro, substituído pelas mensagens que também começaram a tilintar. Apesar de tudo que havia vivido até então, não esperava um desastre completo. O sucesso do antifraude não escondia a evidência de que os sistemas ainda tinham suas fragilidades. A mudança só começava, tudo ainda estava em construção, e no iFood era muito comum fazer *trade-off* – o que significa: sobe esse negócio para ver o que dá, depois decidimos se deve ser mantido ou não. É o *trade-off* da velocidade, geralmente um risco calculado. Da mesma maneira que no mercado financeiro ninguém nunca espera um "cisne negro".[33]

Essa cultura de execução rápida e reação ao contexto é um dos pilares importantes do iFood, porque não cria amarras e dá liberdade de ousar. Mas, se o negócio é crescer com infraestrutura, então precisávamos aprender que um pouco de calmaria também era necessário. Investir em sistemas mais robustos para ter mais resiliência. Naquele estágio, porém, ainda eram muitos os atalhos, muitos os puxadinhos, que começaram a balançar quando veio o crescimento.

Não se sabia ainda o que tinha acontecido, mas Sandor arriscava que era o mesmo problema encontrado no antifraude: a mudança de algo localizado afetando o sistema inteiro. Era como caminhar às cegas, sem ninguém podendo prestar atenção ao todo. O iFood não estava pronto, o Marketing nunca tinha feito uma campanha tão grande. Deu no que deu.

No dia seguinte, sábado, às 8 horas da manhã, Diego já estava trabalhando. Com ele, além de Fabricio e Stecca, Henrique Iwamoto, VP de Restaurantes, e Lucas Pittioni, Diretor Jurídico Sênior. A primeira decisão foi tratar o que tinha acontecido da maneira adequada: era uma crise, não um incidente. Àquela altura, o caso havia chegado à imprensa, que passou a reportar os casos relatados nas redes sociais.

Nós sabíamos que falhamos com os clientes: tínhamos estragado o Dia dos Namorados de muita gente, que ainda por cima enfrentava as restrições e o medo geral naquele início de pandemia. Foi um soco no estômago de todo mundo.

---

33 Menção à ideia do escritor e professor Nassim Nicholas Taleb no livro *A lógica do cisne negro*, publicado no Brasil pela editora Best Seller. Segundo o autor, ao contrário do que defende a maioria dos economistas, estamos constantemente à mercê do inesperado. A esses acontecimentos imprevisíveis ele dá o nome de cisnes negros – animais que se consideravam inexistentes até serem vistos na Austrália, no século XVII.

Pandemia e Dia dos Namorados macabro

Stecca apresentou o cenário: tinha ocorrido um acesso extremamente concentrado em uma janela muito curta. Em uma plataforma que estava sendo construída em módulos, cada uma com um serviço, uma delas – a de pagamentos, justamente – acabou sendo degradada e contaminou as demais, que ficaram incapacitadas de seguir com o fluxo normal. Em uma mensagem geral, detalhou o que havia acontecido: "Foi um problema específico em um serviço do final do funil de pagamentos que não conseguimos recuperar rapidamente pelo volume de tráfego. Por volta das 18h15, quando a plataforma estava fazendo o warm-up, se preparando para o pico, o serviço de *payments* teve um problema de conexão com o banco de dados e ficou indisponível".

Tinha sido, como ele relatava, um problema aleatório. Aquele mesmo processo de *warm-up*, quando o sistema está escalando, se preparando para o pico do tráfego, havia ocorrido todos os dias da mesma maneira, e o tráfego naquele momento era inclusive baixo – o serviço não subiu porque os pedidos tinham sido represados, acumulados. De uma hora para outra, veio o pico, muito concentrado.

Quase cem pessoas foram destacadas para tentar resolver o problema o mais rapidamente possível, e várias manobras foram necessárias para controlar o tráfego até que fosse equilibrado. "Isso levou tempo", Stecca reportou. "Basicamente, entre 18h30 e 19h30, ficamos sem entrada de pedidos; entre 19h30 e 20h30, estava parcial, 40%; e, a partir de 20h30, todos os pedidos voltaram a entrar. Mas aí a fila já era enorme".

Percorrendo o caminho inverso do funil, chegou-se à razão da desgraça. Naquele dia, o fallback, uma espécie de sistema de contingência em caso de falha do principal, não funcionou. E vejam só: tinha acabado de ficar pronto um novo *fallback* nos pagamentos, mas se optou por adiar a sua estreia para a segunda-feira, com medo de gerar alguma instabilidade no ambiente.

Stecca tinha um diagnóstico que se assemelhava ao de Sandor: "Nossa fragilidade está no modo como muitos serviços foram construídos. Precisamos aumentar a resiliência do *fallback* dos serviços, de maneira que continuem funcionando mesmo quando algumas partes quebrem. Eles suportam bastante tráfego e escalam bem, mas têm baixa resiliência."

Feito o diagnóstico técnico, e iniciadas as providências para dar maior robustez ao sistema como um todo, era preciso reparar, ao menos em parte, o prejuízo geral. Em primeiro lugar, decidiu-se que os restaurantes que mostrassem o real impacto do problema seriam ressarcidos; o segundo passo foi fazer um pedido de desculpas público; e, em terceiro,

O cientista e o executivo

iniciar um projeto para enterrar o pesadelo e garantir que nunca mais voltasse a acontecer. Saía de cena o plano Hulk, iniciado em abril para dotar todos os serviços de *fallback*, e começava a Capitã Marvel.

Na segunda-feira, a crise e os cacos espalhados eram o tema das reuniões. O que está sendo feito e o que precisa ser melhorado? Os próximos passos para as áreas técnicas era acelerar ações de *fallback* em todos os serviços que ainda não tinham sido cobertos pelo plano anterior (o Hulk). Era preciso achar soluções para a gestão de tráfego no pico de acessos, e simulações semelhantes ao que ocorreu no Dia dos Namorados seriam feitas para treinamento. O tempo de recuperação foi considerado muito ruim, e a lição aprendida precisava se traduzir em uma visão do serviço que trouxesse a meta de risco zero. O iFood tinha de operar como uma empresa aérea ou um banco, duas áreas em que o erro não era aceitável em hipótese nenhuma.

Ainda assim, ninguém foi demitido, e nenhuma caça às bruxas foi iniciada. Stecca admitia que as medidas tomadas para preparar o iFood para uma eventual disparada de pedidos não tinham sido suficientes – e pronto. A empresa amargava um prejuízo considerável, financeiro e de imagem, mas, com a mesma transparência de Stecca, o iFood foi a público dar a cara a tapa. A decisão de minorar o mal foi central, e medidas pontuais foram tomadas pelos times, que tinham autonomia para fazer o que consideravam mais justo. Com as coisas resolvidas, Fabricio ligou para a esposa de Arnaldo Bertolaccini, então Diretor Sênior de Experiência do Cliente, para pedir desculpas pelo Dia dos Namorados malogrado, já que ele teve que segurar o rojão do comercial na noite fatídica.

Do lado técnico, o episódio foi um ponto de virada. Dali por diante, quem mandaria na reconstrução era a Capitã Marvel.

Cultura vs. equipe

Até estourar a pandemia de Covid-19, o habitual no iFood era fazer um grande planejamento anual, com ajuste de curso a cada seis meses. Os times de tecnologia e dados definiam as apostas do ano, seguiam verificando a viabilidade da programação e, caso algo não se comportasse como o desejado, na metade do processo era feita a correção de rota. Mas as incertezas geradas pelo coronavírus encurtaram esses prazos. O planejamento passou a acontecer a cada seis meses, com ajuste em três. Para o time de IA, a mudança foi drástica.

Pandemia e Dia dos Namorados macabro

Para Sandor, a crise do Dia dos Namorados trazia lições, e novamente ela tinha a ver com o descompasso entre o tempo da máquina e o do negócio. Sentia como se pregasse uma verdade cristalina no deserto, tão real quanto não ouvida: o desenvolvimento de novos modelos requer tempo para mapear a bibliografia do problema a ser atacado, fazer a coleta de dados, criar o sistema, colocá-lo em atividade numa pequena escala de validação e, só depois disso tudo, confirmar se está gerando resultado ou não. Como conseguir executar todas as etapas em três meses?

Stecca tinha começado apenas a remodelar a estrutura interna de tecnologia – tudo ainda em construção, tudo embrionário, pressionado. Em um textão daqueles, Sandor discorreu sobre a tristeza com as oportunidades perdidas. Sobre as metas, fez questão de ser direto: "Em um ambiente complexo, que demanda alto grau de criatividade para resolver problemas, impor metas agressivas demais leva o time a pegar atalhos, promovendo a cultura do jeitinho".

Era um conflito que vinha se arrastando desde o início do ano. Com a redução ainda maior dos prazos durante a pandemia, o que era desafiador para o pessoal de *tech* se tornou dramático. Qualquer iniciativa importante só mostraria seu potencial em uma próxima revisão de ciclo. Mas os times de negócios precisavam apresentar resultados dentro do prazo. Nada cabia no tempo. Ou eles tocavam coisas muito fáceis, para obter os resultados, ou corriam o risco de começar a desenvolver algo que não seria útil quando pronto; por isso decidiram focar em plataformas e sistemas estruturais em detrimento de projetos pontuais, solicitados pelas áreas.

Uma decisão que acabou percebida como um desalinhamento com a cultura da empresa.

> Foi nesse clima que, em março, eu recebi uma avaliação de desempenho bem dolorida. Bruno Henriques disse de maneira extremamente dura: "Não posso ter um diretor que não está alinhado com a cultura da empresa" e me ofereceu a ajuda de um coach. Eu estava muito dividido. Sofria a pressão da equipe, para quem a cultura do iFood, de metas e resultados, era completamente inadequada a um time de IA; sofria a pressão da empresa, exigindo total adequação a essa cultura. Se eu me alinhasse ao Bruno, corria o risco de perder a equipe. Não me alinhar significava estar fora do iFood. O time de *People* marcou três entrevistas de empatia para que eu pudesse escolher a pessoa que iria me ajudar, e começamos a trabalhar. A situação estava indo de mal a pior, eu não tinha como negar.

O cientista e o executivo

> Passados alguns meses, vi que deu resultado. Fizemos um exercício para entender como adaptar a cultura da empresa ao que a gente fazia. Ao mesmo tempo, o jogo começou a virar para o nosso lado. No começo de 2021, o modelo de gestão que estávamos construindo com o time de negócios amadureceu e começou a mostrar seu potencial. Tanto que passou a ser usado nas outras empresas do grupo. Estávamos exportando nosso modelo! Nesse período, conclui a primeira fase do processo de coaching. Todo mundo saiu melhor. Na verdade, foi tão bom que pedi mais uma temporada, com sessões até praticamente o fim de 2021.

Entre mortos e feridos, a etapa inicial da evolução digital do iFood ia se desenhando. A dependência de terceiros na execução dos modelos entregues "na mão", a fragilidade da infraestrutura e o encurtamento dos prazos por causa da pandemia tinham dado o seu quinhão de coisas quebradas no caminho. Mas a escuridão dava sinais de estar indo embora, e os resultados técnicos e financeiros começaram a aparecer, dando início a uma nova fase na empresa.

parte 4
o cientista e o executivo

capítulo 17

Otimizador logístico e Kairós

A criação do otimizador logístico seria um bom exemplo de que o melhor plano de voo era construir internamente aquilo que fazia sentido para o iFood. Desde 2019, com os executivos cheios de ideias importadas, o modelo era visto como prioridade. No ano em que a camiseta do planejamento estratégico tinha um dragão chinês como símbolo, surgiu a decisão de fazer logística ao contrário. O modelo que havia feito brilhar os olhos do comando da empresa se baseava em pernas de rotas, coisa que os executivos da empresa tinham visto em uma viagem à China. O problema é que ninguém sabia como fazer aquilo acontecer. Sandor explicava:

O usuário 1 faz um pedido, o sistema calcula a rota inteira dele – do local onde está o entregador até o restaurante, e do restaurante até o local de entrega. O modelo pode esperar alguns segundos para incluir outros pedidos e traçar uma única rota para dois ou mais usuários. Feito isso, não é possível alterar mais nada. O sistema chinês separava todo o percurso por pernas, uma para cada etapa da entrega: do entregador até o restaurante; do restaurante até a casa do usuário 1; da casa do usuário 1 até a casa do usuário 2; da casa do usuário 2 para a casa do usuário 3; e assim por diante.

Com isso, ganhava-se em flexibilidade, porque, na divisão por pernas, podem ser feitos ajustes de rota depois de traçada – é possível incluir outro restaurante ou usuário no caminho

Otimizador logístico e Kairós

> enquanto o entregador está na rua. Flexível sim, mas exponencialmente mais complexo. Porque, entre outras coisas, é preciso preparar o entregador para as mudanças que serão feitas no meio do percurso.

Tecnicamente também era um desafio. Na época, o otimizador do iFood era lento, escrito em Java, adequado para o volume de pedidos de então – 10 milhões por mês na média – seis vezes menor do que viria a ser três anos depois – e 1 milhão na logística 1P. Para crescer, era preciso usar uma nova linguagem e adotar uma nova maneira de escrever, porque só assim o sistema seria rápido o suficiente para aguentar a carga que estava sendo esperada. E, de novo, o tempo era fundamental. A janela para processar uma rota otimizada tem poucos segundos, não se pode deixar o usuário esperando. O algoritmo precisa processar a melhor rota para o entregador fazer a entrega mais rápida para o seu grupo de usuários. Só que, se o sistema é lento, não é possível processar muito. A primeira coisa a fazer, portanto, seria trocar o sistema buscando maior rapidez. Trocar a linguagem, trocar tudo.

> Quando colocamos o sistema novo no ar, eu só pensava "vai cair, vai quebrar tudo". Minha preocupação era garantir estabilidade. Estávamos ainda sob a perspectiva do gato escaldado do Dia dos Namorados. Era um sistema novo, em uma linguagem nova, feita pelos nossos cientistas. Enquanto Diego achava que ia dar certo, eu estava morrendo de medo e insistia com o time: "Acompanhem tudo, façam *fallback*, estejam prontos para voltar para o sistema antigo...". Funcionou. Podia ser melhor? Claro, precisou de ajustes, arrumamos aqui e ali, mas o importante é que, quando entrou no ar, no fim de 2020, nosso simulador passou a ser trinta vezes mais rápido que o anterior. Podíamos fazer o diabo em termos de algoritmo de otimização.
>
> Hoje, em segundos, dá para calcular muito mais coisas e tornar as rotas melhores e mais flexíveis. A logística trabalha com treze métricas, das quais as mais importantes são: o custo da entrega, a SLA – entrega ou não do pedido no horário – e a remuneração do entregador. O modelo equilibra todos esses pratos, em especial, respeitando um bom ganho ao entregador. Cada atualização traz alguns milhões de reais de receita ou de redução de custo para o iFood, ou de melhorias para os entregadores.

O cientista e o executivo

> Já estamos na terceira versão do simulador. Desenvolvemos o software de modo incremental. Quando vamos subir um novo modelo, fazemos isso para 1% da população. Observamos o resultado e, se tudo dá certo, ampliamos para 20%, para 30%... Por isso, a implementação do algoritmo traz resultados proporcionais a esse avanço gradual na base de clientes. Vamos acertando até que a coisa vira e chega ao ponto do UAU! Aí não dá mais para desligar.

Na operação propriamente dita, o número de pessoas foi de cinquenta para 350 entre 2018 e 2022. Se levarmos em consideração as demais camadas que compõem a logística como um todo, o crescimento foi de cem para oitocentas pessoas. "Depois do time de operação, que atua com base nos dados, vem a inteligência logística, que faz uma análise mais profunda. Testam várias coisas sem precisar olhar para a operação do dia a dia", esclarece Marcel Alonso, Diretor Sênior de Logística.[34] "Tem também o time de tecnologia, formado por profissionais de desenvolvimento que trabalham na construção da plataforma de logística. Só ali são umas trezentas pessoas. E ainda tem o time do Sandor, que cuida da arquitetura da informação e, em uma camada mais profunda, constrói os modelos de inteligência artificial. São muito conectados com os times de negócio, que, por sua vez, também possuem gente capacitada para construir as bases de dados."

"Esse pessoal está o tempo todo trabalhando junto, um *squad*, um grupo de trabalho real, que trata de problemas com base em dados. Nas reuniões, sempre tem alguém de negócios, alguém de tecnologia, alguém de produto e alguém de arquitetura de dados. Não dá para saber a hierarquia, porque é um grupo de trabalho tentando resolver um problema. Não é preciso saber quem é o líder porque todo mundo está ali para construir a solução", ele continua.

Ops, foi mal...

A cada sucesso, mais confiança, embora vez ou outra viesse uma derrapada. Sandor não se esquece delas.

> Eu me lembro de quando fizemos o Kairós, um sistema criado para disparar cupons de modo inteligente, automatizando push notifications. Por engano, acabamos mandando o *push* de teste para

---

[34] Marcel Alonso em entrevista concedida aos autores no dia 10 de fevereiro de 2023.

Otimizador logístico e Kairós

> 20 milhões de clientes! Claro que o erro foi parar no Twitter. Os engenheiros de outras empresas zoaram muito o iFood. Mas, do ponto de vista da empresa, a ideia era: "Vai e arrebenta. Não estamos nem um pouco preocupados. Só faça rápido e com responsabilidade. Aliás, faça muito mais rápido. Se der certo, então buscamos o estado da arte". Ouvíamos isso do Diego e do Fabricio o tempo todo. Nessa batida, bastaram alguns meses para o Kairós se transformar em uma ferramenta fundamental do Marketing. Hoje, ele garante campanhas automatizadas e com objetivos definidos: eu quero mais pedidos, eu quero mais clientes novos, eu quero mais clientes antigos reativados, eu tenho tanto para gastar... A ferramenta faz a seleção sozinha, automatiza, testa, calcula o resultado. Baixamos o custo de fazer campanhas em mais de 15% usando esse sistema.

IFOOD — há 38m
Test - Kairos push
Pipeline novo

Push enviado por engando aos clientes.

A partir do Kairós, foram criadas várias mecânicas – um tsunâmi delas, na verdade, o que exigiu um esforço posterior para filtrar as melhores. Entrava em cena outra ferramenta, o algoritmo *multi-armed bandits*, denominado no iFood de *Otávio* – referência ao vilão Dr. Octopus, de Homem-Aranha. Tentacular, ele procurava as melhores mecânicas, com potencial para campanhas. Não demorou para os resultados aparecerem. Era dinheiro sendo mais bem usado.

Aprimorando o mecanismo, foi criado o *voucher light*, uma ferramenta que permitia ao restaurante fazer o mesmo investimento que o iFood, que a partir de então cuidaria da estratégia. iFood e restaurante trabalhariam de mãos dadas no investimento em cupons para ambos crescerem. Foi um dos embriões do Clube iFood, o atual programa de fidelidade.

"Começamos a construir um canal de *data* focado em marketing", lembra Felipe Pereira, Diretor Sênior da área.[35] "O iFood optou por ter uma estrutura

---

[35] Felipe Pereira em entrevista concedida aos autores no dia 14 de dezembro de 2022.

O cientista e o **executivo**

centralizada de dados, com núcleos descentralizados para atender as áreas. A pessoa de dados basicamente sentava com o time e se envolvia em todos os nossos desafios, mas mantinha um cordão umbilical ligado a *data*."

Mais uma vez, *skin in the game*: o time de dados não pode ser consultivo apenas, ele precisa ser sócio do que está sendo criado. Lembrando: quem tem algo a perder, dividindo as responsabilidades, muda de comportamento.

capítulo 18

Alfred, Bruce e MLOPs

A ajuda da Prosus foi determinante em todo o processo. Com o olhar experiente de quem já estava no campo de batalha havia tempo, os gringos trouxeram não só dinheiro como também conhecimento. A primeira parceria entre eles e a turma do Sandor foi o Projeto Next, um guia de implementação do arcabouço tecnológico necessário para ter impacto em escala.

> Toda a nossa estratégia foi pautada em manter dois canais paralelos: modelos para o negócio e projetos estruturais. Porque o estrutural é que empurra a empresa para a frente, para o futuro. No começo, os projetos estruturais ficavam no *backlog*. E era um *backlog* oculto. A ideia era protegê-los para que pudessem ser concluídos sem a interferência do dia a dia. O pessoal da Prosus acompanhava as iniciativas e ficava de olho em oportunidades; dava alguns conselhos; estabelecia prioridades e definia áreas de colaboração com eles para gerar impacto positivo.
>
> Eles jogaram mais gasolina na fogueira do *backlog*, sugerindo que encontrássemos maneiras de continuar e/ou aumentar o investimento em *foundational* ou em *enabler projects* que nos ajudassem a escalar dentro da organização, a ser maiores. Isso foi extremamente importante para que Alfred se tornasse Bruce.

Foundational models são um subconjunto do aprendizado profundo. Usam-se grandes quantidades de dados e algoritmos complexos para treinar um modelo que pode gerar novos dados ou realizar tarefas complexas. Sua grande vantagem é que podem ser adaptados para novas aplicações.

Enabler projects são produtos de fundação que não necessariamente geram resultados mensuráveis (ou fáceis de mensurar), mas são pré-requisitos para construção de outros produtos.

Esses eram os nomes da plataforma de machine learning. É fácil imaginar de onde vieram os apelidos

O cientista e o executivo

escolhidos pelos cientistas de dados. Como era constituída de um grupo de ferramentas que ajudavam os cientistas a colocar um modelo em produção, recebeu inicialmente o nome do mordomo de Bruce Wayne. Depois de muito incremento, o pobre Alfred cedeu lugar ao patrão bilionário, Bruce, que era também o nome do cachorro do líder do time de plataformas. Ubirajara Cruz, engenheiro que desenvolveu a primeira versão, escolheu o nome para conseguir a aprovação do projeto. O desenho do logo a seguir foi feito pela esposa dele.

© Ubirajara de Brito Cruz Júnior/ Tathyana Gomes Santiago

O Opalão vira Tesla

Desde 2019 tínhamos um *data lake* que funcionava bem na nossa escala. Ter a plataforma de dados bem estruturada, com ferramental para o pessoal acessar esses dados e poder usá-los, permitiu que tivéssemos o plano de BADHUs. Mas, olhando sob a ótica de estratégia, decidimos que precisávamos construir plataformas, porque sem elas nós não iríamos conseguir competir, por exemplo, com a Uber, que possuía as melhores plataformas de machine learning. Não se pode abrir mão do *brilliant basics*: é preciso ter toda a informação possível, e de maneira organizada.

Uma visão aqui é a transformação de um Opalão em um Tesla. É preciso mudar tudo, todas as peças do Opala. Como fazer isso? Priorizando os lugares de maior impacto. Tudo tem a ver com o preço, o custo de uma previsão. Quanto

Data lake é um repositório de dados que armazena grandes volumes de dados brutos em seu formato original, sem exigir um esquema pré-definido.

Data platform é um conjunto de tecnologias e serviços que permitem coletar, armazenar, processar, analisar e visualizar dados de diversas fontes.

Data warehouse é um sistema de armazenamento que integra dados estruturados de diversas fontes, organizados em um esquema dimensional para facilitar a análise e a geração de relatórios.

Data products são aplicações ou serviços que utilizam dados como insumo para gerar valor para os usuários, como recomendações, previsões, personalizações etc.

Alfred, Bruce e MLOPs

mais se investe em plataforma de dados, de machine learning, menores serão os custos de previsão. Quanto mais se investe em plataformas, mais rápido se gira o círculo virtuoso – o *flywheel* de IA – e mais rápido se caminha em direção à visão de passar do Opalão para o Tesla. Isso é muito complicado quando se prioriza a velocidade, mas na prática o que precisamos é de plataformas. O desafio para as lideranças é criar uma estratégia ambidestra o suficiente para priorizar velocidade e criação de plataformas. Mais uma vez, a troca do pneu acontece com o carro andando.

A Prosus, que sempre batia na tecla da necessidade de investir em treinamento e ferramental, levou parte dos créditos desse avanço. Como o iFood ainda demandava ferramentas, um monte delas, para que os modelos pudessem ir ao ar o mais rapidamente possível, o estímulo da Prosus contribuía para sustentar os esforços de IA nessa frente. Mas a Prosus também criticava o iFood por estar treinando as pessoas em ferramental, e não em habilidades. Diziam que era muita ferramenta para ser usada e pouca habilidade dos cientistas de dados. Nisso, a obsessão do iFood venceu. Privilegiar o ferramental foi justamente a alavanca para rodar tudo muito rápido a ponto de se tornar uma vantagem competitiva. O bilionário virava homem-morcego e emergia das trevas para defender o bem. Até a Prosus errava no iFood, e tudo bem.

No processo de desenvolvimento de ferramentas, destacou-se para o sucesso do iFood aquilo que é chamado de *Machine Learning Operations* (MLOps). Trata-se de uma abordagem que combina práticas e ferramentas de ciência de dados, engenharia de software e operações de TI para gerenciar e implementar modelos de aprendizado de máquina de modo eficiente e confiável.

Operações são as atividades necessárias para colocar esses sistemas em funcionamento e mantê-los atualizados. Por exemplo, testar, monitorar, corrigir erros, melhorar o desempenho e a segurança.

MLOps é uma disciplina de engenharia que visa unificar o desenvolvimento de sistemas de aprendizado de máquina (ML) e o deployment de sistemas de ML (ops), a fim de padronizar e agilizar a entrega contínua de modelos de alto desempenho em produção e seu monitoramento.

DevOps é uma metodologia na indústria de desenvolvimento de software e TI. Usada como um conjunto de práticas e ferramentas, DevOps integra e automatiza o trabalho de desenvolvimento de software (dev) e operações de TI (ops) como um meio para melhorar e encurtar o ciclo de vida do desenvolvimento de sistemas.

DataOps é uma prática de gestão de dados colaborativa que visa melhorar a comunicação, a integração e a automação dos fluxos de dados entre os gestores de dados e os consumidores de dados em uma organização. O objetivo do DataOps é entregar valor mais rápido, criando entregas e gerenciamento de mudanças previsíveis de dados, modelos de dados e artefatos relacionados.

O cientista e o executivo

Enquanto a ciência de dados e o desenvolvimento de modelos de machine learning são focados em criar e treinar algoritmos eficazes, MLOps concentra-se em levar esses modelos para produção de maneira escalável e sustentável. Isso envolve a automação de tarefas repetitivas, como pré-processamento de dados, treinamento e implantação de modelos, monitoramento contínuo de desempenho e atualizações. Com a adoção do MLOps, as organizações podem acelerar a implementação de soluções baseadas em machine learning, garantindo sua qualidade, rastreabilidade e governança.

Para Sandor, umas das chaves dos sucessos do iFood tinha sido, justamente, o investimento pesado em ferramental. No caso de MLOps, foi um investimento bem-feito e sólido. Com isso, todo o resto voa!

CI/CD é a abreviação de *Continuous Integration* (Integração Contínua) e *Continuous Delivery* (Entrega Contínua) ou, menos frequentemente, *Continuous Deployment* (Implantação Contínua). São práticas combinadas de desenvolvimento de software que têm por objetivo criar uma maneira mais rápida e precisa de combinar o trabalho de diferentes pessoas em um produto coeso.

Aprendizado de máquina é uma área da ciência da computação que usa dados e algoritmos para fazer previsões ou tomar decisões. Por exemplo, um aplicativo que reconhece rostos em fotos ou um sistema que recomenda produtos para os clientes.

capítulo 19

O polvo Cerebrão e os desafios de *analytics*

Ter uma plataforma de dados capaz de prover IA para toda a empresa era a perspectiva, a visão, desde o começo. Ainda antes da pandemia de Covid-19, quando Sandor havia feito a primeira grande apresentação sobre inteligência artificial para o management do iFood e buscava uma imagem que servisse de ilustração, ele acionou o time de design. Queria algo original para representar a ideia de uma plataforma de machine learning que coleta dados de diversos sistemas, centraliza-os em um ambiente analítico onde é possivel colocar vários sistemas para rodar e devolve as predições com as ações a serem tomadas. Sua única recomendação foi: "Sem robôs!".

Eles bolaram a imagem de um polvo com o cérebro destacado em uma redoma para ilustrar o propósito, ao mesmo tempo em que se oferecia um vislumbre do caminho a ser percorrido, com um núcleo forte de *data* e cada tentáculo, idealmente, tocando uma área diferente do negócio. O desenho ficou um tanto sinistro, é verdade, tinha uma pegada do filme *Alien, o oitavo passageiro*,[36] mas logo ganhou uma versão mais amigável e passou a ser a identidade do time de IA. Era o Cerebrão.

---

36 ALIEN, o oitavo passageiro. Direção: Ridley Scott. EUA, Reino Unido: Brandywine Productions, 1979. Video (117min).

O cientista e o executivo

Havia toda uma simbologia nesse movimento. Também em uma das suas primeiras apresentações, Sandor mostrou para o time o *model deck* – um checklist de ações que os cientistas precisam executar para garantir a qualidade do seu modelo. E tudo começava com um bom nome de batismo. Os primeiros slides eram:

1 - Documentação básica	1.1 - O modelo tem um nome de batismo? • Arrisque-se, esse é o seu momento de brilhar! • Apenas evite piadas...

Na cultura nerd do iFood, os nomes de batismo serviam não só para divertir, mas também para engajar times que estavam até fisicamente separados. Nesse ponto, os modelos tinham os nomes mais doidos – e era divertido, sim, ver o pessoal do time de negócios tendo de usá-los no dia a dia: Loki (fraude de restaurantes), Batuta (frete dinâmico), Kairós (CRM), Candunga (recomendações de restaurantes), entre muitos outros.

O Cerebrão simbolizava de maneira certeira a visão: colocar IA em todos os cantos da empresa. Cada tentáculo era uma frente conectada ao cérebro central que tudo sabe. O *flywheel* dos dados é um jeito também simples de explicar como se usam os dados de um produto para torná-lo melhor, seja por meio de *analytics* ou de inteligência artificial. E o fato de usar dados para melhorar um produto faz com que mais usuários queiram usá-lo, o que, por sua vez, aumenta a quantidade de dados. No elo seguinte da corrente, o que temos é um desenvolvimento cada vez maior do produto.

Essa lógica se replica, de certo modo, em como são tomadas as decisões em empresas. Geralmente, elas são definidas pelos HiPPOs e misturam previsão com decisão. Lembram o exemplo do guarda-chuva? Se a previsão for muito ruim, levar um guarda-chuva é mais uma questão de preferência do que uma boa decisão. Retomando o que já foi explicado: para tomar decisões melhores, primeiro é preciso criar uma estrutura capaz de separar o que é previsão de decisão (*judgment*) e estabelecer um processo em que as previsões sejam cada vez melhores, assim como as decisões decorrentes.

A figura a seguir, adaptada do livro *Máquinas preditivas*,[37] ajuda a entender por que é preciso que o fluxo de dados de todas as partes da empresa seja muito robusto.

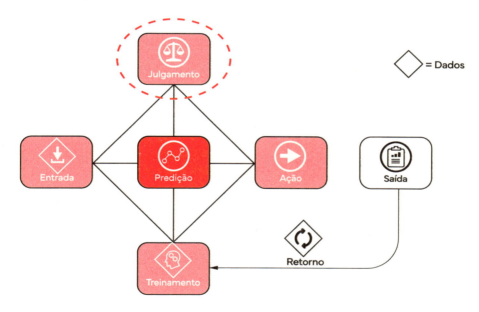

Era aí, precisamente, que entrava o Cerebrão. "A área passou a se chamar *iFood's Brain*. Viramos o cérebro do iFood, precisávamos entender tudo para os tentáculos levarem IA para todos os lugares", conta Lucas Pedote,[38] na empresa desde 2016, quando era analista de *Data Analysis*,

---

[37] AGRAWAL, A.; GANS, J.; GOLDFARB, A. *op. cit.*
[38] Lucas Pedote em entrevista concedida aos autores no dia 01 de fevereiro de 2023.

O cientista e o executivo

que tinha então oito gatos pingados, um time formado por "heróis" que tentavam empurrar a cultura *data-driven* dentro da empresa, ainda sem coordenação nem apoio do management.

Era o tempo em que os cientistas de dados produziam análises para consumo dos tomadores de decisão – uma lógica à qual a maioria das empresas ainda está presa. São os famosos modelos entregues "na mão", a partir dos quais as pessoas constroem trincheiras contra mudanças, sendo cada vez mais difícil disruptá-las. Sandor se lembra de que quase chorou de emoção ("Alguém me entende!") quando leu *Máquinas preditivas*,[39] em que os já citados Agrawal, Goldfarb e Gans dizem claramente que inteligência artificial não serve para dar insights, mas para melhorar as previsões e, portanto, as decisões. O bom resultado é uma consequência: como diz Anne Duke,[40] a qualidade do resultado está diretamente ligada à qualidade de uma decisão, que deve ser central. Ter previsões melhores com IA muda a maneira como as decisões são tomadas.

Tretas do novo mundo

Quando Sandor chegou, o mar estava preparado para os tentáculos entrarem em ação. Cabia às novas lideranças disseminar a visão do caminho a ser percorrido, trabalhando pela mudança de comportamento rumo à disrupção. "Ele trouxe a visão de construir coisas para o futuro, a longo prazo. Blindou o time dele e deixou a loucura do dia a dia para o meu, *Data Analysis*. Tínhamos cargos diferentes (ele era diretor, e eu não), mas respondíamos diretamente para o Bruno. Algumas tretas foram inevitáveis", brinca Pedote.

Uma delas, curiosa, dizia respeito à definição de cargos. "Estávamos buscando clareza para determinar quem fazia o que e estruturar a área. O time de *Data Science* criava as modelagens, mas a disciplina com esse nome abrangia várias coisas, por isso tínhamos dúvida se chamávamos nosso pessoal de cientistas ou não. A proposta era que cientista de dados não fosse um cargo, mas uma competência usada pelos analistas do time de IA. Sandor não gostou e bateu o pé, nem quis discutir. Ficamos putos. Mais tarde, ele explicou seu ponto. Ciência de dados estava em um hype bruto, e ele queria cravar que no iFood isso tinha um nível de criticidade

---

39 AGRAWAL, A.; GANS, J.; GOLDFARB, A. *op. cit.*

40 DUKE, A. **Pensar em apostas**: decidindo com inteligência quando não se tem todos os fatos. Rio de Janeiro: Alta Books, 2022.

O polvo Cerebrão e os desafios de *analytics*

diferente. O cientista é a pessoa que vai até a ponta e coloca o negócio para rodar... Fazia sentido."

Parece bobagem discutir nomenclatura de cargos, mas era só um dos muitos pontos que precisavam ser alinhavados. "Tratava-se de estruturar o time para que os cientistas tivessem *skin in the game*, assumindo responsabilidade na aplicação do modelo, em uma dinâmica em que a previsão não se separa do julgamento do gestor e do resultado. Como IA dá as previsões, quem brilha são as pessoas com a melhor capacidade de julgamento. Quando se buscam os melhores talentos, a primeira coisa que vão olhar é: 'Como eu cresço aqui?'. Não ter uma estrutura de cargos, expectativas e uma trilha clara de evolução é desperdiçar todo o esforço para atrair esses talentos."

"Em outra ocasião", continua Pedote, "propusemos uma nova camada de liderança dentro do time de *data* e já estávamos conseguindo convencer o Bruno sobre isso, mas o Sandor acabou com a história. Era preciso mais tempo e esperar a turma amadurecer". Um dos pontos de Sandor era que empresas da Velha Economia tinham estruturas organizacionais muito "altas", com vários cargos de liderança no meio. Essa camada de middle management – tomando emprestada uma imagem de David Graeber[41] – acabava virando um território de "burocratas" (*taskmasters*) que só serviam para arranjar trabalho para os "tarefeiros". Outro ponto é que, como o mercado para bons profissionais de dados é extremamente concorrido, seria um desperdício acelerar a transição de pessoas que estão no auge de produtividade para posições de liderança. Uma coisa é ser craque escrevendo código, outra bem diferente é liderar um time. "O legal é que as tretas aconteceram", prossegue Pedote, "porque estávamos moldando algo novo. Ninguém tinha uma fórmula para criar a estrutura de *data* que queríamos. Esse tipo de discussão só acontecia porque todo mundo ali queria fazer algo animal."

Foi uma mudança muito forte, uma virada de mindset, de colocar *data* não como background, mas tomando a frente para entender oportunidades que poderiam fazer o iFood crescer. Até o ano seguinte, 2020, o escopo de atuação se expandiu, com o mapeamento das frentes em que efetivamente fazia sentido ter *data*. Àquela altura, a área estava com 250 pessoas, e o iFood, com 3 mil no total. "Já tinha virado a chave corporativa", conta Pedote.

---

41 GRAEBER, D. **Bulshit jobs**: a theory. New York: Simon & Schuster, 2018.

O cientista e o executivo

Por isso os BADHUs foram tão importantes: eram o caminho para evitar que a área de *tech* não se voltasse a problemas básicos, sem espaço para criar ativos a longo prazo. Tratava-se, entre outras coisas, de dar autonomia para as distintas frentes navegarem e criarem suas próprias visibilidades. A capacitação era crucial, item obrigatório na jornada de mudança. Como crucial era criar uma gestão de acessos, porque havia dados sensíveis e muitos stakeholders. Por meio de uma ferramenta, era possível segmentar os grupos em *clusters* diferentes, cada um com um tipo de informação.

Parte desse mecanismo implicava ter uma documentação arrojada, para ninguém ficar perdido em um monte de tabelas. "Para dar a autonomia necessária aos times, lançamos nossa primeira ferramenta de catálogo de dados, o Data Portal, em janeiro de 2020. Por muito tempo, a fonte de informação de dados éramos eu e mais meia dúzia de pessoas. Conseguimos tirar esse peso dos seres humanos e colocar na máquina, que poderia responder de maneira exponencial", diz Pedote.

"Quando colocamos todo mundo para fazer seus documentos, a chance de as áreas criarem um número enorme de tabelas com informações similares é muito grande – e foi o que aconteceu. Tínhamos clareza disso, desse nó, e de que a comunicação era o principal gargalo. Não conseguimos fechar essa equação. Hoje eu vejo boas perspectivas para o futuro. Se conectarmos todo mundo em uma inteligência central que responda perguntas, a IA poderá ser nossa ponte. Ela vai identificar a redundância e dizer: 'Você está perguntando sobre esse tema, mas há três dias fulano fez questionamentos semelhantes. Vocês não querem conversar?'. Ou ainda: 'A tabela que você criou tem similaridade em 98% com essa outra. Faz sentido ter uma nova?'".

Plug and play

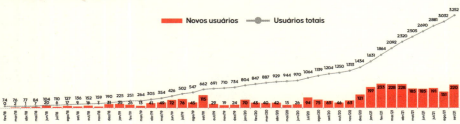

A democratização de dados no iFood era um projeto antigo para acelerar a tomada de decisão, como mostra o gráfico anterior. Espelhava

O polvo Cerebrão e os desafios de *analytics*

bastante o que já é praticado em empresas como Moderna e Airbnb. Muitas outras organizações, ao contrário, ainda escolhem uma abordagem *ad hoc*, em que Tech, a dona dos dados, cria bloqueios à disseminação da informação, pois nem sempre é fácil acessá-los, ou ela não está consolidada de modo a acelerar o fluxo. No iFood, o processo de democratização já caminhava, mas se mostrou acertado mesmo quando a empresa começou a expandir, passando de apenas *food delivery* para mercado e fintech, por exemplo. Conforme os microsserviços do LEGO foram sendo criados para essas novas unidades de negócio, eles podiam facilmente ser plugados no Cerebrão, nas plataformas de dados, com processos e ferramentas que eram os mesmos. Basicamente, um *plug and play*. Faltava ainda uma calibragem entre a autonomia conquistada pelos BADHUs e a governança, algo essencial não apenas para dar visibilidade a tudo que estava sendo criado, mas também para evitar retrabalho e dar mais eficiência à engrenagem.

No iFood, um BADHU trabalhando na *business unit* de Mercado era capaz de consultar as tabelas que queria usar no catálogo de dados, abrir o Databricks, rodar as *queries* que precisava para tocar o seu dia a dia, usar jobs para automatizar a criação de *datasets* no Airflow, tirar suas dúvidas no Slack, criar *dashboards* no Tableau e tocar a vida do mesmo modo que as outras centenas de BADHUs espalhados pela empresa. Da maneira como a coisa tinha sido construída, nenhum executivo precisava se preocupar com tamanho de servidor, ferramental, boas práticas, documentação etc. Seu trabalho era incremental, somado ao trabalho de todos os outros BADHUs, analistas, cientistas e engenheiros da empresa. O *Cerebrão*.

Faltava ainda uma calibragem entre a autonomia conquistada pelos BADHUs e a governança, algo essencial não apenas para dar visibilidade a tudo que estava sendo criado, mas também para evitar retrabalho e dar mais eficiência à engrenagem. Naturalmente, o que se seguiu a esse processo, na época, foi definir melhor o que pertence ao escopo de *data* e o que pertence ao de BADHU, puxando a corda mais para o lado da governança. Abrir para todo mundo foi a chave do

---

Databricks é uma empresa que oferece uma plataforma de análise e IA baseada em Apache Spark. A plataforma Databricks permite desenvolver, agendar e monitorar fluxos de trabalho de dados, ciência de dados e aprendizado de máquina.

Airflow é uma plataforma de código aberto para desenvolver, agendar e monitorar fluxos de trabalho em lote. O Airflow permite construir fluxos de trabalho conectando-se com praticamente qualquer tecnologia. Uma interface web ajuda a gerenciar o estado desses fluxos.

Tableau é uma ferramenta de visualização de dados. O Tableau foi criado com a filosofia de tornar os dados compreensíveis para pessoas comuns e permite a conexão com diferentes fontes de dados, explorando-os e analisando-os de modo interativo, e a criação de painéis e relatórios visuais que podem ser compartilhados com outros usuários.

O cientista e o executivo

sucesso, porque todos precisavam estar empoderados com a capacidade de tomar decisões analíticas. Isso resolveu o problema da velocidade em escala. Cabia, a partir daquele momento, resolver o problema da entropia – do retrabalho, da redundância, do alto custo. "Dissemos que todos deveriam ter um armário e distribuímos madeira, pregos e martelos para que cada um construísse o seu. Os armários foram feitos, mas cada um de um jeito. Muitos poderiam ter sido replicados. Então, o passo seguinte era manter o nível de amplitude e velocidade de informação, reduzindo e otimizando os custos, para ter o mesmo impacto com maior eficiência", explica Pedote.

Democratizar dados é uma conquista tão grande quanto os problemas e as dificuldades que aparecem no meio do caminho. "Um exemplo de como a estratégia digital pode falhar é o que acontece com diversas empresas que nos procuram para *benchmarking*. Entre as razões, as empresas não têm clareza sobre o que significa evolução digital nem qual é seu objetivo final; não têm o apoio da alta gestão e dos colaboradores em geral para promover a mudança cultural necessária; não priorizam projetos mais importantes e rentáveis, tentando fazer tudo de uma só vez; não possuem métricas quantificáveis para medir o progresso em suas iniciativas digitais; e, finalmente, não contam com um plano de gestão de mudanças para lidar com os desafios e riscos. Todos os requisitos de uma lista que, no iFood, estavam sendo devidamente ticados", ensina Pedote.

capítulo 20

Trio de ataque no choque da evolução

No plantel *tech* da transformação, o trio de ataque, além de Sandor e Pedote, era completado por Ivan Lima, no iFood desde 2018 como Gerente de Engenharia de Dados. A missão era montar o time que logo iniciaria a virada para uma empresa baseada em inteligência artificial. Ivan também partiu para Londres em 2019, para aprender o que estava acontecendo de mais moderno no mundo na área de IA e de dados. Na volta, estava pronto – ou quase – para fazer acontecer. "Eu passei a ser *Head* de Engenharia de Dados, e basicamente meu time ficou responsável pela infraestrutura, garantindo as ferramentas e as boas escolhas de arquitetura do sistema", conta.[42]

Na legolização em curso, era preciso definir como as coisas se conectariam, criando uma base para que as informações ficassem disponíveis para as pessoas. Como a estrutura de dados e inteligência artificial era mais nova que a do iFood em geral, foi possível construí-la praticamente do zero, já legolizada, pensado na organização em microsserviços. Nela, cada modelo seria um serviço pequeno e independente que se comunicaria com os outros serviços usando APIs bem definidas. Com isso, os

---

42 Ivan Lima em entrevista concedida aos autores no dia 27 de janeiro de 2023.

O cientista e o executivo

times que as construiriam poderiam atuar de maneira autônoma, escalar seus modelos e fazer atualizações quase sem afetar o comportamento do sistema inteiro. Não que fosse simples, porque, como a plataforma de machine learning (Bruce, o *doguinho*) estava à frente no processo de lego-lização, nem sempre era possível fazer as conexões perfeitas com as APIs no Cerebrão.

Mas era uma boa base, e a partir dela entravam os times que efetiva-mente podiam transformar o dado em valor para o negócio. "Quando tudo começou a mudar no iFood, eu era bem mais júnior. Sandor mostrou como deveríamos escolher as batalhas, os projetos a priorizar, e como mostrar os resultados. Isso tudo não era nada óbvio", diz Ivan.

A área de análise não deveria se preocupar com relatórios, mas, sim, em encontrar o que ninguém estava vendo. Oportunidades de crescimento, de melhora da experiência, de aumento de renda para os entregadores, por exemplo. Importante era saber, analiticamente, o que estava acontecendo com os processos. Era uma caça ao ouro no meio das pedras. Já o pessoal de inteligência artificial olhava o dado do ponto de vista da automação de algum processo de tomada de decisão.

No começo, foi preciso inventar bastante coisa, pois não existiam manuais, guias e muito menos cursos universitários explicando o que fazer. Os cursos que existiam eram básicos, ensinando os alunos a rodar árvore de decisão, um algoritmo de 1963! Só que a operação exigia responder para o cliente em menos de seis segundos quais eram os quinhentos melhores restaurantes para ele; povoar a carteira de milhões de consumi-dores com cupons que fossem mais relevantes para estimulá-los a testar novas ocasiões e restaurantes; verificar se uma transação era fraudulenta; e também, em pouquíssimos segundos, encontrar os milhares de entrega-dores mais próximos de um restaurante e escolher a melhor rota dentre todas as possíveis – com os menores custos, o menor tempo de entrega, tudo ao mesmo tempo em que era imperativo garantir ao entregador ganhos sustentáveis. Tudo isso milhões de vezes por dia.

Teresa Torres,[43] reconhecida mundialmente por sua expertise como product discovery coach, define o que significa criar produtos de valor para a empresa e para os clientes. O *framework* de descoberta proposto por ela baseia-se em entrevistar os clientes continuamente, testar as suposições com MVPs (*Minimum Viable Products*), mapear oportunidades e usá-las

---

43 TORRES, T. **Continuous discovery habits**: discover products that create customer value and business value. Bend: Product Talk LLC, 2021.

Trio de ataque no choque da evolução

como unidade de trabalho. Ou seja, quantas oportunidades o time mapeou? Quantas oportunidades o time conseguiu explorar em um determinado período? E então definir metas orientadas a resultados. Para isso, ela estabelece um "trio de produto", formado por um gerente, um designer e um engenheiro de software. É um trio que trabalha junto e, em colaboração contínua, entrega bons produtos digitais.

> **MVP (*Minimum Viable Products*)** é a sigla em inglês para Produto Mínimo Viável. É um conceito do desenvolvimento de software que se refere à versão mais simples de um produto que pode ser testada no mercado com o mínimo de esforço e investimento. O objetivo do MVP é validar a ideia do produto, obter feedbacks dos usuários e aprender com os resultados para melhorar o produto.

Quando Bruno Henriques dizia para os analistas se preocuparem com o que "ninguém estava vendo", era uma maneira de entender os clientes sem entrevistá-los diretamente. Todas as ações (e inações) dos clientes ao usar o aplicativo geram uma montanha de dados, que nas mãos de um analista proficiente ajudam a mapear as oportunidades e gerar diversas hipóteses que podem ser testadas.

Dificuldades não faltavam. "Quando falamos em inteligência artificial, é comum alguém de fora achar que não serve de nada ou, ao contrário, que vai resolver tudo de modo mágico. A implementação é complexa. Às vezes, algo conceitualmente simples – como encontrar a melhor rota para o entregador – tem de passar por dezenas de sistemas. Na prática, é preciso lidar com uma gama de pessoas diferentes e com expectativas diferentes", diz Ivan.

Bruno Henriques seguiu no comando das ações até 2022, quando passou a comandar a área de growth e então IA foi absorvida pela área de *tech*, comandada por Stecca. "Chegamos a um momento da empresa em que *data* passou a fazer parte do produto. *Data* é o produto, e quem constrói os produtos no iFood é *tech*. Com a chave de *growth* virada, fazia todo o sentido a volta como um todo para área de *tech*", explica Ivan.

Nesse contexto, começava a liderança de Stecca, para quem a questão da autonomia e da governança permanecia central. "A minha visão de tecnologia é muito mais esparramada do que centralizada", diz Stecca.[44] "O fato de o Bruno ter ficado à frente do processo no início foi bastante produtivo, nós não teríamos construído o time de IA da maneira que construímos, porque o time de *tech* que eu liderava tinha mil outras prioridades."

Mas, à medida que IA foi amadurecendo, com os times já montados, a discussão não era mais a implementação, mas o trabalho com sistemas

---

44 Flávio Stecca em entrevista concedida aos autores no dia 11 de abril de 2023.

O cientista e o executivo

que já existiam. Ao mesmo tempo, a volta de todas as áreas para Stecca não significava de modo algum um movimento em direção à centralização. "Eu não acredito em departamentos, não acho que tecnologia seja hierárquica, mas é claro que a descentralização demanda muita organização", diz.

Separados, com domínios diferentes – eis o mundo ideal. "Quanto mais separados, melhor, porque as áreas lidam com a pressão do negócio no ponto certo. Elas só precisam seguir os mesmos padrões e princípios", explica Stecca. No horizonte, estava não só manter, mas também ampliar a autonomia das áreas. "A minha intenção", ele prossegue, "é fazer *spin-offs*, ter *reports* diretos e indiretos dos times, que encaram os obstáculos do dia a dia". No centro, ficam os princípios, a cultura, o ferramental. Na prática, isso se traduz em fazer com que o time de mercado e tecnologia, por exemplo, reporte-se para a pessoa de mercado, quebrando ainda mais a velha separação entre *tech* e negócio. "Meu trabalho precisa ser cada vez mais conectar essas pontas, porque eu não consigo priorizar e entender os negócios melhor do que as pessoas que estão lá", explica Stecca.

capítulo 21

Finance: sai o Excel, entra o P&L Automation

Quatro anos depois daquele primeiro esboço do Cerebrão – superadas as crises, em meio às turbulências e com transformações cruciais atingidas ao longo da jornada –, o polvo se concretizou na prática. No cômputo geral, eram 2,2 mil profissionais de tecnologia, divididos em dezessete times de IA. Os dez modelos colocados a princípio como meta para Sandor viraram poeira no início de 2023, quando se contabilizavam quase duzentos modelos em produção ativos – sem contar outros que foram aposentados por versões melhores ou por pertencerem a projetos abandonados no caminho, como foi o caso do DFN. Mas, até alcançar a ponta dos tentáculos, as áreas tiveram de descobrir os caminhos que fariam a inteligência artificial se incorporar ao coração do negócio e se tornar parte da engrenagem.

O time de Financial Planning and Analysis (FP&A) foi um dos primeiros a se engajar no processo de criar uma inteligência estratégica baseada em dados para tomar decisões. Em 2019, o iFood estava à caça de talentos quando Diego se lembrou de Renato Queiroz, engenheiro de formação que optou por seguir carreira na área financeira e havia trabalhado com ele na Suzano. "Diego é aquele olheiro do esporte que acompanha o campeonato da Série B e enxerga um talento que ainda ninguém viu.

O cientista e o executivo

É assim que ele monta seus times. Ele percebeu que eu tinha essa tendência de buscar ajuda na tecnologia para ganhar tempo e aplicá-lo em capacidade analítica, por isso me chamou para estruturar a área de finanças do iFood. O plano era usar essa ótica de inteligência estratégica, tanto para conduzir uma negociação, um leilão, como para achar oportunidades nos processos", lembra Renato.[45]

Alocado na área de compras, o engenheiro logo percebeu o tamanho da encrenca. O pessoal rodava a área de modo rudimentar. A cada pergunta, vinha como resposta o silêncio. Quais as principais categorias de gastos e suas correlações com métricas operacionais? Como pagamos os fornecedores equilibrando eficiência e uma relação sustentável? Qual a volumetria de pedidos por semana ponderada pela sazonalidade? Perguntas básicas. Ninguém sabia responder.

"Nas primeiras duas semanas, fiz um intensivão para levantar as principais categorias de gastos, o nível de pedidos, enfim, juntei dados básicos. Ainda não tínhamos tudo em *data lake* quando eu consegui montar o primeiro *dashboard* de finanças com um modelo automatizado em que dava para ver quanto estávamos gastando, quantas solicitações estavam em aberto e qual o tempo que demorava para resolvê-las. Mostrei para o Diego, e ele falou: 'Precisamos levar isso para os outros times. Compra uma TV gigante e coloca para todo mundo ver que agora monitoramos compras via dados'."

Parecia brincadeira, mas não era: "Estou falando sério, cara, vamos botar a TV lá". Renato conta: "Compramos umas telas enormes e foi um alvoroço. Todos os setores de finanças ficavam no mesmo andar. Não havia uma pessoa que não parasse para ver o telão. O time do Jurídico, o de Contas a Pagar, o pessoal da Tesouraria, quem passava por ali queria saber o que estava acontecendo. Na verdade, todos tinham acesso ao *dashboard* no próprio computador, mas essa ideia de colocar a tela gigante com dados em tempo real gerou muito envolvimento. Criou uma rivalidade saudável. Cada área queria ter uma tela ainda maior, com mais dados, mais processos. E isso era justamente o que o Diego queria provocar". Na cabeça dele, esta era a visão comunicada intensamente para todos do time:

---

45 Renato Queiroz em entrevista concedida aos autores no dia 21 de dezembro de 2023.

Finance: sai o Excel, entra o P&L Automation

Relatórios do que aconteceu com base em indicadores-chave de desempenho

Relatórios e software de análise de dados

Novas tecnologias (Nuvem, robótica, IA, machine learning, processamento de linguagem natural, blockchain)

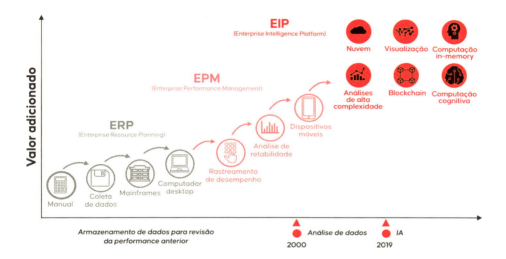

Diego trabalhou para que todos entendessem e acreditassem que machine learning é uma tentativa de automatizar a criação de inteligência. Dizia que as pessoas têm todo um conjunto de modelos mentais de como as coisas funcionam, alguns dos quais adquiridos pelo DNA e outros criados à medida que vivem. Não sabem como construir isso em software, então transformam esse desconhecimento em um problema de estatística. Ou seja, basta dar à máquina toda informação criada pela inteligência humana, que um modelo vai surgir desse trabalho.

Com esse primeiro movimento, iniciou-se a jornada de evolução na área a partir da criação de uma agenda de comunicação para habituar o time ao tema tecnologia. "Foi um jeito de pegar os *early adopters*. O engraçado é que, olhando hoje, aquilo era tão bobo, mas já dava base para tomar decisões. Os times começaram a descobrir os principais KPIs de acompanhamento, cada área montou seus pontos críticos, e em pouco tempo, coisa de um trimestre, foi nítida a transformação", relembra Renato. Ali se provou que a velocidade valia mais que a perfeição na nova cultura, e cada resultado, por menor que fosse, tangibilizava a visão traçada, e por isso merecia ser celebrado.

O cientista e o executivo

Nem todo mundo aderiu à primeira onda de digitalização. Alguns se destacaram muito, outros ficaram na idade da pedra, logo não se encaixavam mais no iFood. Foi quando a empresa colocou os BADHUs para ajudar quem não tinha muita afinidade com *data analytics*, mas queria aprender. Tratava-se, nessa segunda etapa, de incrementar o uso de ferramentas tecnológicas internamente, o que estimulou o autodesenvolvimento das pessoas da área. Ficou claro, nesse estágio, os pontos que seriam decisivos nas avaliações de performance, e as áreas de Finanças, Legal, Riscos, Compras, Comunicação, Segurança da Informação, M&A, Estratégia, Políticas Públicas, Gestão e Desempenho (todas sob a responsabilidade do Diego) rapidamente certificaram cerca de trezentos *food lovers*. Os departamentos passaram a consumir bastante informação, enriquecer as análises, correlacionar com várias outras bases, e o time subiu de patamar.

"Muita coisa fazíamos sozinhos. Quando precisávamos de algo mais complexo, acionávamos o time de *data*. O profissional da área, que sabe exatamente qual problema precisa ser resolvido, é o mais indicado para encontrar a solução. Então, até certo ponto, desenvolviamos as coisas internamente. Quando atingíamos um nível de complexidade muito alto, pedíamos ajuda pesada. Criar um algoritmo de machine learning, por exemplo, é algo que o profissional do nosso time não consegue. Mas é importante que ele entenda a lógica por trás daquilo, que conheça os tipos de ferramentas existentes, para traduzir e passar a necessidade de maneira clara ao pessoal que vai desenvolver a solução", conta Renato.

Game changer

A primeira alteração estrutural veio com a criação do Finance Digital Evolution, um time de digitalização dedicado a atender de maneira cross as áreas de Finanças, Legal, Riscos, Compras, Comunicação, Segurança da Informação, M&A, Estratégia, Políticas Públicas, Gestão e Desempenho, entre outras. Tudo que ficava sob a responsabilidade do Diego. Em seguida, foi organizado um Business Partner (BP) para cada uma dessas áreas, cuja missão era reforçar ainda mais o pensamento de evolução digital.

Os pedidos de ajuda aos times de especialistas ficaram muito mais direcionados. O pessoal do Sandor só entrava para matar problemas complexos. Com isso, a empresa ganhou eficiência, poupando milhares de horas mensais de trabalho de profissionais que antes gastavam tempo com tarefas mecânicas. Foi nesse ponto que veio o *game changer*. Com os processos automatizados, os times passaram a ter tempo para agregar

Finance: sai o Excel, entra o P&L Automation

valor. Quanto menor o número de horas gasto com tarefas motoras, maior a chance de olhar para o negócio com outra perspectiva, ter insights em cima dos quais podemos de fato atuar e fazer provocações. É assim que surgem ideias capazes de mudar tudo. A combinação perfeita entre redução de tempo e granularidade de informação permite aprender mais, melhorar a estratégia e tornar o negócio maior e mais rentável.

Surgiu também a figura dos *translators* – profissionais capazes de verter para a língua dos negócios as tecnicalidades de *data*, de modo que eram capazes, com muita agilidade, de identificar oportunidades de automação em finanças. Eram capazes também de fazer o movimento inverso – conseguir transmitir para o pessoal de tecnologia o que precisava ser construído para o negócio. Outro aspecto crucial foi a adoção de uma cultura de experimentação, estimulando projetos piloto e a ideia de trabalhar com MVPs, o que ajudava no aprendizado do time e permitia ajustes rápidos de trajeto.

Não era mais necessário solicitar uma informação à área de negócios, nem ter uma base de dados no time de *data*. Reduzia-se assim drasticamente a dependência do time, o uso de planilhas pesadas e lentas de Excel – tudo que sempre significou uma bola de ferro nos pés. Atacar as tarefas rotineiras permitia dar passos mais arrojados. Era preciso, em suma, não só ter a informação, mas tê-la organizada, "clusterizada", acessível para todo mundo.

Falando em bola de ferro nos pés, decidiu-se que o foco inicial seria direcionado para o delicado e estressante fechamento mensal. A geração do relatório de P&L *(Profit and Loss)* seria endereçada por meio de *data analytics* – o que foi chamado de *P&L Automation*, em uma arquitetura inteiramente realizada em Python e SQL. A primeira versão do projeto derrubou o tempo de trabalho dos analistas de três dias para três horas de códigos rodando sem intervenção humana, logo depois que o contábil estivesse fechado. A riqueza de dados apontou o caminho da granularidade do resultado de um único pedido do iFood, aberto por todas as linhas de resultado de P&L – o que, por sua vez, permitia realizar a análise com qualquer abertura ou detalhamento, sem os potenciais erros, as limitações de espaço e a lentidão das planilhas. Ganhava-se muito – em especial, tempo e qualidade de dados.

> **Python** é uma linguagem de programação de alto nível, interpretada, dinâmica e multiparadigma. É usada para diversos fins, como desenvolvimento web, análise de dados, inteligência artificial e aprendizado de máquina.

Existe um ponto crucial para esse e outros projetos: a ingestão de todos os dados necessários no *data lake*. É de suma importância que todos os sistemas que geram informações estejam ligados ao banco de dados,

O cientista e o executivo

para que as automatizações e os processos inteligentes possam existir. No iFood, todos os principais sistemas da operação, como o de pedidos, entregadores, informações de restaurantes e outros, já estavam com tabelas no *data lake* – mantendo o devido cuidado com as informações dos usuários. Mas é fundamental que os sistemas do *back office* da empresa também tenham essa conexão. Então, após a implementação do ERP e outros sistemas do financeiro, o time de arquitetura de dados construiu a ponte para realizar a ingestão dos dados desses sistemas diretamente nas tabelas no *data lake*.

O *squad* selecionado para atuar no *P&L Automation* era composto pela célula de digitalização de FP&A, outros analistas de FP&A com um papel consultivo e apoio fundamental do time de *Data Finance*, um time de *data analytics* dedicado exclusivamente a toda a diretoria de finanças do iFood. A fórmula mágica de *translators* da própria área de negócio e profissionais de tecnologia trabalhando juntos estava formada.

Definido o *squad*, decidiu-se adotar a metodologia Scrum para o projeto. As *sprints*, ciclos nos quais um conjunto de entregas deve ocorrer, seriam semanais. Desse modo, o projeto teria dinamismo para se adaptar rapidamente a novas prioridades. Toda semana planejavam a nova *sprint*, com a participação de todo o *squad* para definir qual seria o foco e as entregas selecionadas para andamento nos próximos sete dias. Todas as atividades a desenvolver ficavam no chamado *product backlog*, e era de lá que o *squad* selecionava o que seria prioritário para a semana. Ao final de cada *sprint*, analisavam os sucessos e as falhas antes de começar a próxima.

Para construir o *product backlog*, o *squad* dedicou bastante tempo mapeando e documentando todos os racionais das aberturas do P&L. Durante o mapeamento do projeto, o time sempre teve um olhar para as necessidades dos clientes internos e externos, visto que trazer a visão deles ajudaria muito na construção de um produto melhor. Essa documentação continha não apenas os objetivos do projeto mapeados com os clientes, mas também todo o detalhamento

Classificação são algoritmos que identificam a qual de um conjunto de categorias (subpopulações) uma observação (ou observações) pertence. Exemplos são atribuir um dado pedido à classe "fraude" ou "não-fraude" e atribuir um prato a uma dada cozinha baseado em características observadas do prato (ingredientes, restaurante etc.). Esses algoritmos usam inferência estatística para encontrar a melhor classe para uma dada instância.

Regressão são modelos estatísticos que estimam a relação entre uma variável dependente (ou resposta) e uma ou mais variáveis independentes (ou explicativas) usando uma linha (ou um plano, no caso de duas ou mais variáveis independentes). Esses modelos permitem analisar como as mudanças na variável dependente estão associadas às mudanças nas variáveis explicativas. Por exemplo: quantos pedidos a mais o iFood terá se aumentar os investimentos em Marketing.

**Finance**: sai o Excel, entra o P&L Automation

das inúmeras tabelas do _data lake_ necessárias para consultas, com colunas e informações, quais linhas do P&L consumiriam essas informações, as alocações nas unidades de negócio da empresa, os rateios que seriam necessários aplicar, os racionais desses rateios, a classificação que cada pedido deveria ter de acordo com as suas características, entre outros. Toda essa documentação, além de ser um mapa mental detalhado nunca antes elaborado de todo processo de fechamento, também era a base necessária para listar as atividades do _product backlog_.

Os códigos elaborados refletiam exatamente o que estava descrito na documentação, seguindo a ordem definida nas reuniões de _sprint_. A construção foi feita em pequenos módulos que, quando finalizados, tinham seus resultados comparados ao processo tradicional manual para fins de validação. Esses módulos de código se conectavam a uma estrutura principal que organizava sua ordem de execução de acordo com o racional da documentação original. Essa divisão em diversos módulos facilita a validação na etapa do projeto e também alterações futuras específicas que possam surgir em regras de negócio, rateios, cálculos e classificações. Desse modo, não é necessário alterar um único código extenso, e sim apenas buscar o bloco que precisa da modificação, facilitando sua manutenção futura.

A primeira versão do projeto, que cobria todos os objetivos, foi finalizada com aproximadamente um semestre de trabalho. E todos os objetivos foram atingidos. Poucas horas depois que o contábil estivesse fechado, o P&L estaria pronto, com todas as aberturas necessárias e com um nível de granularidade nunca antes atingido. Todo o risco existente de erros de rateios e alocações feitos de maneira manual em planilhas estava mitigado. Além disso, as horas anteriormente gastas construindo planilhas começaram a ser empregadas em outras frentes importantes.

Upgrade na Gestão

O _P&L Automation_ foi o primeiro resultado transformador da área de Finanças – um sucesso que abriu as portas para futuros projetos, pois validou toda visão que o Diego teve, gerando assim uma visualização clara dos efeitos que essa jornada poderia gerar. Entre os projetos futuros estariam o bot de Provisionamento – processo que funciona para agilizar o mapeamento de notas fiscais, pedidos de compras, entre outras informações – e o chatbot de FP&A, chamado Buddy, que responde, dentro do Slack, a solicitações sobre a gestão de centros de custo sem que uma pessoa tenha de dedicar tempo a uma tarefa tão básica.

183

O cientista e o executivo

"A riqueza de dados é que faz a diferença. Hoje, conseguimos gerar algoritmos que permitem analisar informações de diversas maneiras para melhorar a eficiência. Podemos usar inteligência artificial para olhar por cidades, por tíquete médio, por entrega, por meio de pagamento, uma infinidade de recortes e correlações", diz Renato. "Desenvolvemos uma arquitetura construída dentro do Databricks, que é um consolidador de bases, tanto financeiras como de negócio, com várias lógicas de dados, para que consigamos dizer quanto foi o P&L de um único pedido. Chegar a essa granularidade significa ampliar o conhecimento. Por exemplo, posso (na verdade qualquer *food lover* pode) comparar gastos com entregas de raios diferentes, analisar por diversas ações de marketing, entender o que difere entre os meios de pagamento, checar o que muda quando a entrega é feita de bike, entender as particularidades de cada região – são muitos questionamentos possíveis e deles sempre saem inúmeras ações. Todas essas análises acabam gerando benefícios – para o entregador, para o restaurante, para a rentabilidade do iFood, ou para o nosso crescimento. Quanto maior a massa de dados, melhor fica."

O interessante de uma inteligência estratégica baseada em dados para tomar decisões é que ela, em vez de ficar centralizada em uma área de dados ou nas geradoras de receita, permeia toda a empresa. Incluam-se aí áreas que tradicionalmente não recebem tão rápido essas inovações, como as de logística e sustentabilidade, que passaram a usar componentes complexos de *data* e recursos estatísticos. É o caso do iFood Pedal, programa de entrega com bicicletas que leva em consideração variáveis como a altimetria de cada região para calcular o tempo de entrega. "O raio do pedido feito de bicicleta precisa ser menor e, se a área tem um desnível de altitude, o tempo de entrega deveria mudar. Toda essa operação só pode ser feita olhando para os dados", diz Fernando Martins, *Head* de Logística & Inovação.[46] "A tecnologia permite que a gente receba as informações de modo muito rápido, a ponto de entender onde faltou bicicleta, onde sobrou, como alterar a logística em dias de chuva ou promoções e conseguir distribuir os pedidos de acordo com a estrutura montada nas ruas. Só com o uso de inteligência artificial é possível fazer a previsão e o planejamento, mover a frota para dar conta da quantidade de pedidos e conseguir o *match* perfeito em escala", explica.

---

46 Fernando Martins em entrevista concedida aos autores no dia 05 de julho de 2023.

capítulo 22

Crescimento diversificado, Cachinhos Dourados e a lição de Esparta

Sob muitos aspectos, até ali parecia que o mundo tinha virado de ponta cabeça. Não só pela vida protegida por máscaras e embebida em álcool-gel, mas pela corrida que a pandemia de Covid-19 havia desencadeado até nas empresas mais tradicionais, que lutavam para subir um degrau que fosse rumo ao digital. No caso do iFood, o negócio estava em evolução, ou seja, mudanças graduais e contínuas ao longo do tempo, enquanto as empresas da Velha Economia faziam uma transformação digital, ou seja, uma mudança significativa e substancial para poder reduzir o tempo do imobilismo de quem não acompanhou a evolução.

Para quem já estava nessa estrada, não deixava de ser curioso o impulso que o tema ganhava nos últimos meses, com muitos empresários

O **cientista** e o **executivo**

"descobrindo" os novos comportamentos advindos da revolução tecno-lógica e com a chegada de um vírus. Para Diego, era muito claro que as mudanças viriam de qualquer maneira, ditadas pela hiperconectividade e pela convergência de múltiplas tecnologias no modelo de negócios, um caminho que o iFood já vinha trilhando e no qual todo um segmento da economia prosperava. Era o que ele chamava de Nova Economia, coisa que, pensando bem, daria um livro.

No iFood, a capilaridade de IA já se fortalecia quando Diego bateu de frente com outra questão nevrálgica para o crescimento da empresa. Também sob o efeito da pandemia, o negócio precisava se diversificar.

> O iFood tomou a decisão de se lançar além do *food delivery*, iniciando a criação de um ecossistema composto por outras verticais. A primeira foi mercados. Começamos com um projeto piloto em duas cidades de São Paulo – Osasco e Campinas. Ficamos uns seis meses aprendendo até firmar o processo de estruturação dessa nova vertical. E então percebemos ainda mais a importância dos dados, porque a operação exigia entender uma gama maior de informações sobre o comportamento humano.
>
> Até aquele momento, tínhamos consumidores de comida pronta em um determinado padrão. Quando groceries entrou na operação, surgiram muitas dúvidas. Quem compra só nos fins de semana e costuma cozinhar vai pedir os ingredientes pelo iFood? A pessoa que gosta da plataforma porque a comida chega rápido quer esse tipo de serviço em outras verticais? Surgiu uma nova complexidade na logística. Passamos a entregar em carros e vans, além das motos. Aumentaram as discussões sobre fraudes. Tudo isso acontecendo em cascata, com o ingresso de outros segmentos na sequência, como farmácia, pet shop, conveniência. O guarda-chuva se abriu, e a cada novo negócio surgiam mais e mais demandas endereçadas a IA.

Ao longo de 2020, o processo de crescimento se deu de maneira muito forte e acelerada. Entregas de *groceries* saltaram para quase mil cidades do Brasil. O negócio de fintech também começou a crescer, com o pulo para o crédito, fazendo empréstimos para restaurantes. Mais um pouco, já em 2021, surgiria ainda a frente de benefícios: vale refeição e vale alimentação. A empresa se tornava mais e mais complexa. Novos segmentos pediam diferentes análises, outros perfis, mais predições, envolviam

Crescimento diversificado, Cachinhos Dourados e a lição de Esparta

mais dados. O executivo sabia que, para manter a sustentabilidade de todo aquele crescimento, era preciso um choque de gestão. Foi então que o iFood mudou sua estrutura organizacional, adotando um sistema bem mais maduro.

> Em 2021, criamos três unidades de negócio: Food Delivery, Groceries (que envolve todas as outras categorias que saem do escopo da entrega de comida pronta) e Fintech. Surgem três CEOS, um em cada unidade, e a figura do *cross*, que são as estruturas internas encarregadas de apoiar as unidades de negócio. Essa é uma evolução organizacional muito alinhada à ideia de legolização, que basicamente cria plataformas para cada área da empresa – Finanças, Marketing, Logística, Infraestrutura etc. – para que as unidades possam fazer desenvolvimentos individuais, porque cada negócio tem características específicas. Por exemplo, o checkout, aquela parte final da compra, quando dirigido a restaurantes, é de um jeito; para supermercados, o modelo é outro: "Se faltar um item, quer que ele seja substituído por outro?". O restaurante não precisa disso. Sem plataformas diferentes, seria preciso colocar todas as possibilidades dentro de cada uma das áreas do aplicativo. Então, quando essa complexidade aparece, tomamos a decisão de reestruturar e separar tudo.

Organizar os times de tecnologia em torno de plataformas independentes garantia que essa mesma tecnologia fosse um ativo que facilitasse e impulsionasse a inovação. Hoje, juntas, todas as plataformas compõem a linha mestra da empresa, a força motriz, mas o gerenciamento de modo separado faz com que cada uma traga mais velocidade e flexibilidade ao negócio, porque permite testar, errar, voltar, aprender e acelerar com muito mais agilidade, exatamente o que o iFood buscava, uma organização que tinha tudo a ver com a maneira como o planejamento caminhava ali dentro.

> O ano no iFood começa em abril e termina em março. Nós sempre fizemos reuniões estratégicas duas vezes por ano, nos meses de abril e outubro. As empresas, normalmente, fazem planejamentos estratégicos antecipados. No iFood, é diferente. Fazemos com o ciclo em andamento. O do primeiro semestre em abril, e o do segundo semestre em outubro. Isso é fundamental porque partimos da premissa de

> que a melhor decisão sempre será embasada pela informação mais atual. Se tivermos de tomar a decisão de correr ou não de um leão, fazemos isso no momento certo, na última possibilidade possível, para não queimar energia antes da ação. Essa é a nossa filosofia. E isso é um negócio maluco para todo mundo que entra no iFood. Acreditamos em ciclos. Ou seja, não trabalhamos em uma lógica linear. Tentamos identificar o tempo todo em que ponto as coisas vão começar a melhorar muito, onde alcançam o pico e onde atingem o vale. Quem está atento ao ciclo terá uma capacidade maior de se antecipar. Por isso, a importância de operar próximo ao evento, para que sempre se possa acelerar o máximo possível na hora certa.

Crescimento das vendas do iFood por ciclos de inovação

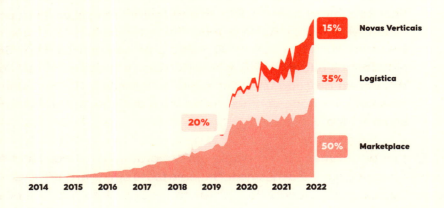

Em um ritmo frenético, as mudanças eram visíveis. Em quatro anos, entre 2019 e 2022, o iFood havia crescido mais de cinco vezes. Passou de 6 bilhões de reais para 32 bilhões de reais em vendas. Do marketplace que apenas conectava o consumidor ao restaurante, evoluiu para uma fase em que a logística de entrega passou a ser fundamental para aumentar o tamanho de mercado, o engajamento, até chegar a uma terceira fase que traz invenções mais radicais e disruptivas, aquelas que empoderam os parceiros do ecossistema para liberar sua criatividade. Uma padaria, por exemplo, a partir da análise dos dados da plataforma do iFood, pode usar filtros a seu favor e criar uma doceria on-line, que só existe naquele ambiente, para vender suas sobremesas. É um jeito de fazer com que os clientes achem seu negócio ao procurar por doces e diversificar o público que atinge, aproveitando um ativo de que já dispõem.

Crescimento diversificado, Cachinhos Dourados e a lição de Esparta

Até 2020, o iFood era uma empresa que estava construindo demanda, ou seja, sua base de usuários e sua fronteira de viabilidade – o ponto em que o negócio fica em pé. Quanto mais a empresa evoluía na capacidade de compreender e usar os dados que coletava, mais se aproximava da viabilidade e se fortalecia.

> Sempre procuramos evoluir olhando para custos, mas incentivando a invenção, a experimentação e mantendo a mentalidade de start-up, de tentativa e erro. A nossa curva beira o caos, e não a burocracia. Usamos a analogia da Cachinhos Dourados, a menina da história que experimenta uma sopa quente e queima a boca; depois experimenta uma sopa fria e acha ruim. Até que chega à sopa morna.[47] O fundamental é encontrar o ponto certo da pressão. Quando é demais, as coisas quebram. Se for pouca, não atinge a velocidade do ímpeto necessário. Por isso, adotamos um modelo de gestão de muita performance, pressão, mas sempre valorizando as intenções das pessoas. A frase que usamos aqui é: cultura come a estratégia no café da manhã; ou seja, não adianta ter estratégia sem ter cultura de empresa. Estrutura come a cultura no almoço: não adianta ter a cultura e não ter as pessoas certas para fazer acontecer. Eu olho para os desafios e penso em uma lista de coisas que tenho de garantir: preciso ser ágil, ajustar as demandas, empoderar os líderes, valorizar os *foodlovers*, ter objetivos audaciosos, ser digital para suportar escala e desenvolver ferramentas adaptadas por área de negócio, flexíveis.

Isso só é possível com alguns princípios de gestão muito fortes. Por mais que a cultura esteja enraizada nos times, é preciso formular, nomear, organizar e compartilhar as diretrizes organizacionais da maneira mais simples possível, e as listas são excelentes para isso. Desde o começo, Diego sempre comunica as do iFood:

- Pensar grande;
- Não ter medo de errar, mas corrigir rápido;
- Não perder o foco (não se afogar);

47 Publicado em 1837, o conto infantil *Cachinhos Dourados* é de autoria do poeta inglês Robert Southey. A história também é conhecida como *A História dos Três Ursos* ou *Cachinhos Dourados e os Três Ursos*. (N. P.)

O cientista e o executivo

- Manter a pressão na medida certa;
- Manter-se simples e entregar;
- Estimular profissionais responsáveis;
- Produzir pouca burocracia;
- Ser ambidestro;
- Manter a barra alta;
- Legolizar;
- *Face the brutal facts*.

E como organizar a estrutura da empresa nessa pegada?

- Operar no formato de unidades de negócio com times cross suportando os temas e as jornadas comuns a mais de uma unidade;
- Trabalhar com estruturas ambidestras;
- Não gerar conflitos de interesse na estrutura;
- Viabilizar a construção da plataforma para servir as unidades de negócio;
- Ter liderança funcional;
- Estabelecer claramente o dono, para não haver confusão, e as pessoas não se perderem;
- Realocar de modo ágil e flexível os times para refletir na estrutura a prioridade estratégica.

A luta de Sandor para mudar de fase passava pelo maior dos desafios: enfrentar as pressões. Criar múltiplas plataformas exigia dar um empurrão de produtividade no time. Mas como subir a barra? A ideia era ampliar o impacto de dados na empresa em dez vezes nos dois anos seguintes, meta que recebeu o apelido de AI10. Era necessário inserir inteligência artificial no próprio modelo de negócio do iFood, descentralizá-la de modo a ser tratada como mais uma engrenagem. De novo, o Opalão: para ele chegar a ser um Tesla, significava ter cada uma das peças do carro substituída por IA e girando em torno dos modelos.

Para isso, seria necessário, entre outras coisas, contratar gente em escala, mas naquele momento o Brasil tinha um unicórnio novo sendo produzido a cada mês. Fundos de investimento injetavam um capital violento no mercado, inflando o salário de todo mundo. Os profissionais saíam de vagas pleno ou sênior para assumir lideranças.

Crescimento diversificado, Cachinhos Dourados e a lição de Esparta

Em um papo informal, nasceu a ideia. Sandor e Thiago desandaram a falar sobre uma cena do filme *300*.[48] Aquela em que o rei Leônidas vai ao encontro dos persas para defender Esparta e, no meio do caminho, encontra um exército com uns 10 mil homens. "Esse é o exército que você trouxe para se defender dos persas? Trezentos soldados?", perguntam. Leônidas então começa a apontar para os homens do seu oponente, querendo saber a profissão de cada um. As respostas chegam: ferreiro, sapateiro, padeiro... Depois, se vira para o seu exército: "Espartanos, qual a sua profissão?". E todos urram, em uma clara demonstração de que ali só existiam soldados. Os salvadores da Grécia haviam sido treinados para isso a vida inteira. Lutar era o que sabiam fazer. O iFood, igualmente, não precisava de milhares de cientistas de dados, mas de algumas centenas dos melhores profissionais, que seriam formados em casa. A lição de Esparta.

> Criamos trilhas para que todos pudessem se aprimorar. Para os estatísticos, tínhamos um roteiro de computação. Se a pessoa viesse da computação, encontrava ali cursos de estatística. Também tínhamos trilhas por nível. Eu e os outros líderes relembramos todos os cursos que havíamos feito na vida, todos os livros lidos, e montamos os cursos. Era o Projeto 300. O time de People gostou tanto, que isso virou um programa do iFood chamado Quartas de Desenvolvimento. Hoje, toda manhã de quarta-feira é livre para que as pessoas tenham um tempo voltado ao desenvolvimento. E cada profissional que entra deve aprender algo novo todos os dias. Se ficar três dias sem aprender nada, deve me ligar, porque alguma coisa está errada.

Reter os talentos era outro ponto muito importante.

> Criamos um ambiente para que as pessoas tenham orgulho do que estão fazendo. Ser uma empresa legal de trabalhar, que assegura autonomia e oferece projetos desafiadores foi extremamente importante para compor um time com profissionais interessados em construir produtos fantásticos e em melhorar suas habilidades.

Com esse exército, Sandor ia construindo um novo cenário na empresa, superando o período em que a estrutura de IA precisava se adaptar,

---

48 300. Direção: Zack Snyder. EUA: Legendary Pictures, Virtual Studios, Atmosphere Pictures, Hollywood Gang Productions, 2007. Vídeo (117 min).

O cientista e o executivo

moldar-se para atender ao negócio. Agora, o time de cientistas passava a exercer maior influência na maneira como o iFood se estruturava para gerar valor nos projetos. Eles é que determinavam como o *game* seria jogado. E com isso muita coisa mudou.

> A padronização evoluiu. No começo, fazíamos do jeito que dava. Passamos a ter processos melhores, padrões para treinar modelos, colocar no ar, monitorar resultados. Tenho centenas de profissionais espalhados na empresa. Preciso garantir que a qualidade seja a mesma, e esses processos garantem que as coisas funcionem sem emperrar o ritmo do negócio.

Nesse processo, era indispensável que o próprio papel do cientista mudasse. Que ele deixasse o lugar meramente consultivo e passasse a ser dono do processo inteiro – do dado à decisão, a implementação de códigos passa pela cobrança de resultados na ponta do negócio. Ele precisava colocar a sua pele em jogo. *Skin in the game, baby.*

> O cientista de dados não pode jogar o insight por cima do muro para que o time de negócios tome a decisão de fazer ou não. Em uma cultura voltada para resultados, o cientista tem de entregar um algoritmo que vai trazer resultados. Ele está comprometido e envolvido nessa entrega. Então, na prática, não é importante o que ele fez, nem os algoritmos que usou, só o resultado que conseguiu. Trabalhamos com algoritmos muito divertidos, o desafio técnico é incrível, mas, na prática, na hora de discutir com o time de negócios, de priorizar, o que importa mesmo é o resultado. Isso é ser pragmático.

capítulo 23

A era da IA

D urante meses, o emaranhado de linhas vermelhas no Waze havia deixado de ser onipresente na representação da vida da cidade. O confinamento devido à pandemia de Covid-19 construiu uma nova realidade, impôs outras demandas, modificou hábitos. Sandor, por exemplo, trocou as horas no engarrafamento por caminhadas matinais pela Mooca, antes do estalo no Slack e das notificações para as várias reuniões on-line do dia. Os impactos no iFood tinham sido grandes, mas as consequências do isolamento social haviam acelerado uma jornada rumo à digitalização que já estava em curso muito antes daquele dia em que Diego, preso em um 99 num dia chuvoso, se angustiava pelo pisca-pisca dos chargebacks.

No início de 2023, a pandemia começava a ficar no passado, e o futuro parecia se moldar ao mais novo *hype* da inteligência artificial: os modelos de linguagem natural como o GPT. Mas remontava ainda a 2018 o início da incursão do iFood no território das LLMs (*Large Language Models*), com ferramentas promovendo mais uma das revoluções silenciosas no negócio. Fazendo sua caminhada matinal, em um intervalo entre play-lists, Sandor se lembrava dos desafios e das soluções nesse outro percurso.

> Desde que cheguei ao iFood, sempre tentamos trazer para a plataforma mais informação sobre os itens do cardápio de um restaurante. Usávamos ferramentas como o fastText, Word2Vec e o Glove, que são algoritmos que tentam dar um significado a palavras específicas – tentam, a partir do nome e da descrição de um prato, encontrar seu lugar na lista, identificando

GPT é um tipo de modelo de linguagem de grande escala desenvolvido pela OpenAI. Ele usa uma arquitetura de rede neural baseada em *transformers*, pré-treinada em grandes quantidades de texto e capaz de gerar novos textos coerentes e relevantes para determinado contexto.

Transformer é uma arquitetura de redes neurais.

Large Language Models (LLMs) são um tipo de modelo que usa grandes quantidades de texto para treinar um modelo que pode gerar novos textos a partir de uma entrada ou realizar tarefas relacionadas a linguagem natural.

O cientista e o executivo

o que ele é. Até que o Google lançou uma linha de modelos ótima para fazer classificação das entidades. Isto é: "olhar" para um texto e descobrir quais são os seus componentes, o que a pessoa está querendo dizer. E o modelo mais famoso foi o BERT, que tinha a vantagem adicional de ser código aberto, permitindo desenvolver aplicações específicas a partir dele.

Era um LLM que entendia muito bem as palavras. A partir dela foi possível começar a falar de *Foundation AI Models*, modelos pré-treinados que podem ser usados por muita gente. A primeira tarefa era treiná-lo na língua portuguesa; a segunda, para que entendesse de comida. O que nós fizemos? Usamos umas 300 mil receitas culinárias para treiná-lo. Em seguida, passamos a incluir os dados do iFood, para que ele entendesse de fato o que é um prato oferecido na plataforma. Nascia o FoodBERT.

> **BERT** é um modelo de processamento de linguagem natural baseado em *transformers* que usa representações bidirecionais para entender o contexto das palavras em uma frase. Ele é pré-treinado em grandes *corpora* de texto e pode ser ajustado para diversas tarefas de NLP (*Natural Language Processing*), como resposta a perguntas e inferência de linguagem.
>
> **NLP** é um ramo da inteligência artificial que ajuda os computadores a entender, interpretar e manipular a linguagem humana. O NLP utiliza técnicas de linguística computacional, modelagem baseada em regras, aprendizado de máquina e aprendizado profundo para analisar dados de texto ou voz e "compreender" seu significado completo, incluindo a intenção e o sentimento do falante ou escritor.

Com o modelo genérico, em português e versado em comida, era hora de gerar dados para fazer com que os pratos se encaixassem melhor na base. Por quê? Porque o iFood tinha, ainda tem, um desafio.

Em uma região como a da avenida Paulista, por exemplo, o consumidor vai ter mais de 20 mil opções de restaurantes, variedade impossível de espremer em uma tela de celular. O desafio, portanto, é pescar exatamente aquilo que o usuário quer comer, exatamente aquilo que vai deixá-lo feliz.

> A partir desse momento, criamos um grupo de pessoas – primeiro com o time interno do iFood, depois terceirizando, inclusive para um grupo de indianos. Eles basicamente olham para as descrições dos pratos do iFood, para a descrição e o nome do item, e anotam esses dados. É um prato para duas pessoas? É uma entrada? Contém refrigerante? É uma marmita? Um combo? Começamos então a criar dados que nos ajudaram a criar listas diferenciadas.
>
> "Para compartilhar", por exemplo, é uma lista criada usando o FoodBERT. E, cada vez mais, se geram dados para cada prato. As primeiras aplicações do FoodBERT e a taxonomia mais pesada que

A era da IA

> tivemos foi com um projeto chamado Bom e Barato, que procurava por pratos econômicos, geralmente no almoço. Uma iniciativa que nasceu dentro do iFood e teve bastante resultado.

Dois anos depois, o FoodBERT estava já completamente integrado ao iFood, usado para tudo – até para a geração automática de listas. Não muito tempo depois, outra ferramenta já estava mudando os processos de trabalho dentro da empresa, em parte graças à Prosus.

> A Prosus acompanha de perto o que está sendo desenvolvido em inteligência artificial, conhece muitos construtores de ferramentas. Conhece, por exemplo, empresa que faz robô virar hambúrguer, outra que faz entrega com robô autônomo, empresas de entrega via drones... Assim, há um bom tempo, a Prosus mantinha contato com a OpenIA, desenvolvedora do ChatGPT.
>
> Todo ano, a Prosus faz um *report* de tendências de IA para o delivery e para a educação, frente em que eles também têm interesse. E todo ano acontece o Prosus Marketplace, um evento interno em que se juntam todos os profissionais de IA do grupo. São feitas apresentações com a participação de convidados de todas as partes do mundo – Índia, Brasil, várias partes da Europa, em especial a Holanda... É, na verdade, uma jornada de conhecimento e de aprendizado em que o iFood tem presença bastante expressiva. Em 2022, a Prosus estava muito interessada em dois temas: tecnologias de blockchain e IA generativa.
>
> As conversas seguiram essa linha, e eles deram para todo mundo uma NFT, que era basicamente uma imagem, só que produzida por um modelo generativo, então cada participante do evento recebeu uma imagem única. Tivemos vários debates sobre o modelo generativo, inclusive uma apresentação do líder de produto do Copilot, que é uma ferramenta do GitHub que ajuda a escrever códigos. Ficou todo mundo maravilhado. Nesse dia, quando mostraram que o Copilot permitia ao programador escrever "Eu quero um código para isso, isto e aquilo", e ele fazia para você, o *data scientist* mais sênior do iFood me mandou uma mensagem: "Sandor, eu não gostei". "Por que você não gostou?",

> **Blockchain** é um tipo de banco de dados distribuído que guarda um registro permanente e inviolável de transações realizadas em uma rede. Cada bloco contém um conjunto de transações validadas por algoritmos criptográficos e ligadas aos blocos anteriores, formando uma cadeia de dados.

O cientista e o executivo

> perguntei. E a resposta foi: "Porque isso vai acabar com a minha profissão". Eu falei para ele: "Então eu adorei".

Nas semanas seguintes à apresentação do Copilot, as lideranças de IA das empresas da Prosus passaram a se encontrar em Amsterdã para falar um pouco mais sobre IA generativa. O grupo discutiu muito o tema e descobriu que a Prosus, na época, já tinha criado internamente uma interface de perguntas e respostas sobre códigos para uso interno – uma interface que ficaria famosa depois com o lançamento do ChatGPT. O grupo ficou alvoroçado. Isso levou a Prosus a pensar em algo que desse acesso a todos. Nasceu o PlusOne, um ChatGPT que funciona dentro do Slack com as informações do iFood.

> **Github Copilot** é um assistente de programação com IA que ajuda a escrever código mais rápido e com menos trabalho. Ele usa o OpenAI Codex para sugerir linhas de código e funções inteiras em tempo real.

> Eles distribuíram o PlusOne internamente para todas as empresas do grupo. O iFood foi a primeira que entrou de cabeça, de um jeito até camicase. Ligamos o PlusOne em um canal do Slack e abrimos para todo mundo testar. Não existia ChatGPT na época. E, como a Prosus mantinha um acordo de privacidade com a OpenIA, podíamos colocar a informação do iFood com a segurança de que não seria gravada, não seria usada para treinar o modelo.
>
> Havia liberdade dentro do Slack do iFood para colocar tudo que tínhamos de negócios, de ideias, de código proprietário dentro da ferramenta e usar o ChatGPT no ambiente de trabalho.
>
> Por que ele se chama PlusOne? Porque é mais um colega, ele está lá para ajudar. É como se tivéssemos uma pessoa a mais no time para escrever códigos. Ele foi criado para nos transformar naquele mítico *ten-x engineer*, o profissional que vale por dez. Os engenheiros teriam acesso a códigos de maneira mais fácil, o pessoal de dados poderia escrever *queries* melhores, era muito bom para tornar o pessoal mais sênior.
>
> E, meio que sem querer, o fato de colocarmos isso em um canal de Slack público fez com que as pessoas começassem a trocar *prompts*.
>
> A ideia de ser um canal público também foi boa para ninguém fazer gracinha com o modelo. Como todo mundo estava olhando, o pessoal precisava se comportar, não dava para fazer perguntas sem um propósito de trabalho. E foi exatamente o

> **Prompts** são instruções ou perguntas que guiam os modelos de aprendizado profundo a gerar conteúdo criativo ou informativo.

A era da IA

que aconteceu. Não houve nenhuma pergunta imprópria, nada de errado, mas, sim, fizeram uma grande quantidade de perguntas voltadas ao negócio.

Os preparativos para a maratona

Era hora também do próximo salto para os BADHUs. A ideia de treinar milhares de pessoas, democratizar o acesso a dados e permitir que times andassem com seus próprios pés, tomando suas decisões, acompanhando seus resultados e evoluindo com o tempo é o sonho de toda liderança. Porém, é bem mais fácil de ser dito do que executado. Uma explosão no uso de dados como se viu nos últimos anos pode tornar as coisas mais lentas, caras e subtrair valor ao invés de criar.

A quantidade de informação gerada é tão grande, que é muito difícil para as lideranças as processarem, afogadas em um mar de _reports_, _dashboards_ e tabelas. Com a chegada das LLMs, percebeu-se que novas oportunidades se abriam, impactando diretamente o trabalho dos BADHUs. O acesso à informação se tornava cada vez mais fácil, haveria um ajudante para escrever código, auxiliar nas análises e criar _reports_ e _dashboards_. Era imperativo mudar de postura, em busca da construção de produtos.

Sim, mudar de novo. Se Sandor escalava essa pirâmide degrau por degrau, Diego precisava ir aos saltos, correndo atrás da tecnologia.

O PlusOne é como uma próxima maratona. Eu, que gosto de correr maratona, posso afirmar que você passa por um processo superexaustivo de planejamento, de compreensão do que vai correr, qual a altimetria, entre outras mil coisas, e de repente você conclui... que precisa começar tudo de novo no dia seguinte. O esforço de uma maratona é muito grande. Você termina exausto. Aqui o processo é muito parecido. Tudo o que um time como o meu, e me incluo nisto, entende de dados exige um esforço tremendo para que a gente consiga se preparar para a próxima maratona. Quando o PlusOne chegou, foi exatamente assim. Ele gerou duas sensações: a primeira é "UAU! O que é isso?", e a segunda foi um efeito de: "Ok, lá vamos nós novamente". E com isso vem a ansiedade, o cansaço etc.

Eu costumo dizer que o líder é sempre a primeira pessoa que muda, é aquele que logo se desapega de uma crença, porque é o responsável pela mudança. Então, quando o PlusOne chegou, uma das primeiras

O cientista e o **executivo**

coisas que eu fiz foi mandar uma série de mensagens para o Sandor para entender melhor aquilo. E me deparei com um conceito que até então eu nunca tinha ouvido falar, o *wrapper*.

Wrapper é um termo genérico que se refere a qualquer tipo de código que envolve ou encapsula outro código, fornecendo uma interface ou funcionalidade adicional. É um "embrulho" que envolve vários softwares para um uso específico.

Na sequência, comecei a ler uma série de artigos, estudar o básico, para conseguir ter legitimidade, ainda que mínima, ao falar com o meu time. Porque eu precisei, em seguida, empurrar essa mudança intelectual, técnica e comportamental. Um bom exemplo de mudança técnica é que até ali vínhamos em um processo de fazer o time entender uma série de novas ferramentas, como, por exemplo, o uso do SQL. Em um segundo momento, começamos a empurrar outra linguagem de código, o Python, e aí, de repente, chega algo que transforma uma linguagem para outra com muita facilidade. Tudo muda, do ponto de vista técnico.

Do ponto de vista intelectual, começam as discussões de modelo de LLM e IA generativa, palavras que até então inexistiam no nosso vocabulário. Do ponto de vista comportamental, também há uma grande mudança, porque o valor passa a ser fazer boas perguntas, de fazer bons *prompts*. E essa mudança é radical para quem está acostumado a dar respostas.

A jornada nunca acaba

Todo o processo recomeçou. Diego mandou uma série de recados para o time, tratou do assunto nas reuniões mensais, levou o time do Sandor para provocar as pessoas no planejamento estratégico, ou seja, começou mais um *change management*. No intuito de ajudar a tangibilizar o que estava ocorrendo, lançou mão de um vídeo que explica como funcionaria o Microsoft 365 Copilot, bastante assertivo no ganho em produtividade das novas ferramentas, e até criou estratégias divertidas para empurrar a evolução.

De novo, em uma lógica de *change management*, em que você tem de fazer coisas rápidas, pequenas, que gerem resultados para que as pessoas consigam visualizar e aderir às mudanças, eu criei uma brincadeira, um *Shark Finance*, tentando emular o *reality* da TV *Shark Tank*. O *Shark Finance* foi basicamente um exercício em que todo o time foi dividido em grupos, e cada um deles teve de propor soluções a partir do uso do PlusOne. E aconteceu! Vários projetos foram apresentados, fizemos um evento engraçado, em que inclusive nos vestimos como se fosse um *Shark Tank* de verdade, para ver as propostas e definir a vencedora, a ideia que seria adotada como a primeira grande solução toda baseada no PlusOne. Por causa desse movimento, desse impulso, os times se sentiram estimulados e começaram a criar suas próprias ferramentas.

Da esquerda para a direita: Edmar Barros, André Conejo, Isabela Martins, Marina Ceriliani, Diego Barreto, Karina Brumatti e Guilherme Ramires.

Por exemplo, alguns pegaram as informações públicas de candidatos a vagas e pediram que o PlusOne fizesse o *match* com nossas demandas, com nossas questões culturais, e começamos a ver o resultado. Pessoas introspectivas no ciclo de avaliação passaram a ter maior capacidade de expor aquilo que pensam usando o PlusOne para ajudá-las a redigir uma provocação, hipóteses e soluções para um problema.
Começamos a ver técnicos se preparando para temas que desconheciam a partir de um primeiro contato com o tema via PlusOne e, depois, naturalmente, se aprofundando com outras fontes de informação. Outro exemplo de uso foi o time técnico na adaptação de

O cientista e o executivo

linguagens, como o exemplo do SQL para o Python e vice-versa. A redução do tempo de codificação também foi perceptível, bem como a geração de primeiros *drafts* de planos. Então, em vez de alguém começar com uma folha vazia, um bom *prompt* é escrito. Um plano para executar determinada estratégia é gerado a partir do PlusOne, e assim o time passou, de maneira extremamente descentralizada, a fazer uso da ferramenta.

Robôs mais humanos = consumidores mais leais

Depois desse processo de assimilação, no começo de 2023, mais de cinco mil colaboradores do iFood já estavam engajados no uso do PlusOne, para obter todo tipo de ganho de produtividade. Era mais uma ferramenta para reescrever o futuro, em um processo que acumulava muitas conquistas dos anos recentes. "Todos os colaboradores estarão alavancados por uma inteligência que é maior do que 90% das pessoas conseguem ter em um assunto qualquer", projeta Fabricio, para quem desde sempre é fundamental estar aberto à mudança.[49]

"Nós vamos trabalhar mais rápido, ter espaço para testar mais coisas, para fazer novos produtos, que interajam, por exemplo, com voz. O que isso muda? Muda completamente como funciona a empresa. Temos mudanças enormes nos próximos anos e começamos agora. Ninguém, absolutamente ninguém, consegue prever o que vai acontecer daqui a dez anos. Isso inclui o presidente do Google, Sundar Pichai, o presidente da Meta, Mark Zuckerberg, e todos os outros. A única coisa que se sabe é que IA é fundamental, inovação é fundamental", passou a ser o novo mantra do CEO.

Essa espécie de maturidade tecnológica, aliada a processos bem estabelecidos, preparava o caminho para uma miríade de usos da IA generativa, incluindo aí as tantas possibilidades de a ferramenta mudar a experiência do usuário em pedir comida e mercado em casa. Foi assim que, em julho de 2023, o iFood promoveu uma nova revolução na relação do consumidor e parceiros com o lançamento de três novos recursos: o Compr.A.Í., o Dora e o iFood Garçom. Diego era um dos entusiasmados com as novidades.

---

49 Fabricio Bloisi em entrevista concedida aos autores no dia 19 de maio de 2023.

A era da IA

> O Compr.A.Í é uma solução de *chatbot* que faz uma integração com os modelos da OpenAI, conectando mercados locais com seus clientes para gerar listas de compras em textos de WhatsApp. Com ela, o consumidor pode, por comando de voz, criar, editar e compartilhar essas listas, navegando por categorias e produtos na plataforma, obtendo opções e preços disponíveis. Tudo como se fosse uma conversa com o assistente pessoal. Além disso, o recurso também facilita o gerenciamento dos pedidos pelos estabelecimentos.
> Outro é o Dora, específico para mercados. Integrado à tecnologia da OpenAI, permite ao usuário dar instruções e fazer pedidos específicos na plataforma, tais como: "quero produtos de baixas calorias", "quero uma refeição com produtos veganos" etc. A partir do pedido, também por voz, a ferramenta faz uma busca em todo o catálogo do iFood, criando uma lista de opções para o consumidor com o melhor custo-benefício.
> O terceiro recurso é o iFood Garçom, que permite uma maior personalização da experiência no aplicativo. Por meio de uma interface de bate-papo com IA, ele ajuda os usuários a encontrar e encomendar pratos de restaurantes próximos. O consumidor pode, por exemplo, pedir que o aplicativo informe "o melhor prato da minha cidade", ou demandar "quero sushi para duas pessoas por até 50 reais" ou "quero almoçar macarrão em até vinte minutos", entre várias opções.

A resposta aos novos produtos foi imediata, como mostram os gráficos a seguir. Já no primeiro mês os resultados se mostraram impressionantes.

Crescimento de pedidos do parceiro

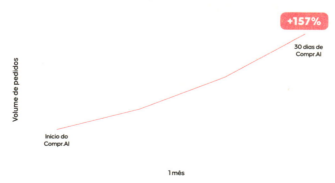

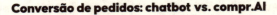

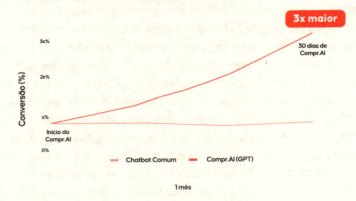

Para Diego, era só o começo. No limiar da IA generativa, a imaginação ganha papel fundamental, sem que se perca o lastro na infraestrutura e na cultura até ali construída.

> A utilização de modelos de IA generativa deixa para trás experiências que eram consideradas boas comparadas às da década anterior e traz experiências espetaculares. Todo o processo de atendimento de entregadores e restaurantes ganha outra jornada se pensarmos, por exemplo, na capacidade de gerar muito mais criatividade em uma conversa. O atendimento automático deixa de ser duro, linear, e passa a ser muito mais humano, com capacidade de leitura e criatividade para gerar respostas mais adequadas a um determinado perfil de pessoa.

Mudança de hábitos

É possível pensar que ferramentas como a IA generativa vão promover uma mudança radical nos hábitos alimentares da população. Não se trata de pedir uma refeição no lugar de prepará-la: significa contar com um assistente virtual capaz de saber o que você precisa comer, quando e com o custo mais baixo possível. Um assistente virtual é capaz ainda de personalizar uma dieta, combinando gostos pessoais com as calorias que devem ser ingeridas em cada refeição, de acordo com as atividades desempenhadas naquele dia: se a pessoa correu pela manhã, se fez academia... Com isso, cada um dos quase 50 milhões de clientes passa a ter um aplicativo único, 100% personalizado e em larga escala.

A era da IA

A eficiência alcançada com o uso de IA também poderá ser aplicada à cadeia de valor de alimentação, reduzindo o desperdício e barateando a comida. Trabalhar com dados em tempo real da demanda pode ajudar produtores a decidir o que, para quem e quando produzir. E isso também vale para os restaurantes: IA pode ajudá-los a comprar pelo menor preço, barateando o produto final.

A novidade, contudo, traz novos desafios para as empresas. O gerenciamento de dados, por exemplo, volta a ter papel fundamental: é preciso armazenar, filtrar e proteger os dados para o uso com LLMs. Isso envolve ter uma boa estrutura de governança de dados e capacidade de investimento – os custos com o armazenamento na nuvem, por exemplo, podem disparar. No que se refere à privacidade, trata-se de um processo de adequação que requer investimento financeiro e profissionais dedicados e especializados.

O mundo todo discute a questão ética que envolve as LLMs. Quando a IA recomenda uma decisão, pode trazer o viés de quem treinou a máquina. Muitos usuários das plataformas nem sequer sabem que existe uma IA por trás coletando seus dados. Não é uma questão fácil de lidar. Leis ao redor do mundo estão em fase de desenvolvimento, como é o caso do Brasil, e uma provocação do filósofo italiano Luciano Floridi,[50] conhecido pelo trabalho pioneiro no campo da Filosofia da Informação e da Ética da Informação, dominou as conversas sobre o tema no iFood durante meses: "Não se trata mais de debater o que, mas, sim, o como – não somente qual ética é necessária, mas como ela pode ser efetivamente aplicada e implementada com sucesso".

Pensando nisso e inspirado pelo Moral Machine – plataforma on-line interativa que explora dilemas éticos por meio da simulação de decisões –, o iFood criou o AI Ethics Machine, um método próprio para revisão das decisões automatizadas que tem como objetivo gerar autoconhecimento sobre potenciais vieses tomados pelos modelos de IA internos – vieses que podem ser injustos em decisões automatizadas que impactam entregadores, usuários e estabelecimentos. Para Diego, o treinamento AI Ethics Machine representa apenas o início de mais uma jornada.

"O AI Ethics Machine funciona como um *game* interativo no qual o jogador é apresentado a diversas situações e tem de escolher quem, dentre entregadores, restaurantes e usuários, deve ser responsabilizado por um

---

50 FLORIDI, L. **Translating principles into practices of digital ethics**: five risks of being unethical. 2019. Disponível em: https://ssrn.com/abstract=3835010. Acesso em: 9 set. 2023.

O cientista e o executivo

fato fictício. Por exemplo: o usuário reclamou que faltou o suco que acompanhava a entrega. Dentre as possibilidades de escolha, há o entregador, que afirma ter levado o pedido da maneira como recebeu do restaurante; e o restaurante, que afirma ter colocado o suco na embalagem. Ao final do teste, o jogador descobre em benefício de quem a maioria de suas escolhas foi feita e quais fatores foram levados em consideração. Se cada indivíduo entender seus vieses e o que costuma influenciar suas escolhas, ele pode reduzir seus impulsos e tomar decisões mais ponderadas. Isso é importante porque é o humano que tem o desafio de desenvolver o aprendizado da IA", conta Camila Nagano, Data Protection Officer.

O processo de inovação responsável passa necessariamente não só por aplicação de políticas, governança e gestão de riscos, mas, principalmente, por treinamento interno. Em contrapartida a esse leque de desafios, sai na frente quem já estabeleceu uma infraestrutura robusta de dados – caso do iFood, agora uma empresa que podia fazer jus à frase reformulada de Zuckerberg: "Mova-se rápido, com infraestrutura estável".

"O que está acontecendo e o que pode melhorar?" é a pergunta que volta a ser feita nas salas virtuais de reuniões do iFood depois dos anos de evolução. Tique-taque. A vida veloz retoma a velha cenografia depois de uma pandemia e de várias crises e conquistas – das fraudes ao Dia dos Namorados macabro, do Plano de 100 Dias à construção de uma plataforma capaz de prover inteligência artificial para toda a empresa. Um mundo transformado.

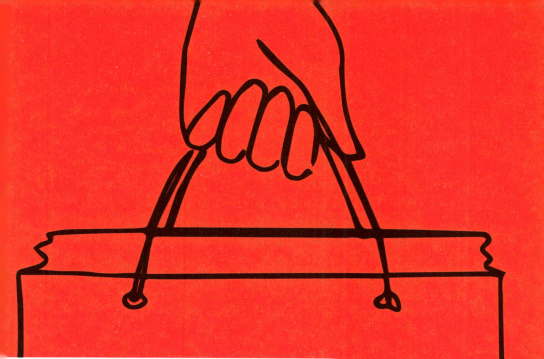

parte 5
dez pontos rumo à inteligência artificial

Para tentar esquematizar todo o processo de evolução digital do iFood, sintetizamos os desafios que as empresas precisam cumprir se quiserem obter sucesso na implementação de IA.

Uma analogia pode ser feita com um foguete (no iFood, usamos muito o foguete como referência, Fabricio é aficionado pelo espaço). De modo bem simplificado, o foguete tem três partes. Na ponta, fica o centro de controle, a estrutura de comando, os sistemas que dão direção. No meio, está o reservatório de combustível, que é uma parte crucial porque a quantidade de combustível tem de ser exata: se tiver muito, o foguete fica pesado e não consegue escapar da gravidade da Terra; se tiver pouco, não chega aonde deveria ir. A terceira parte é a cauda – a parte que explode, justamente aquela onde ficam os produtos de IA.

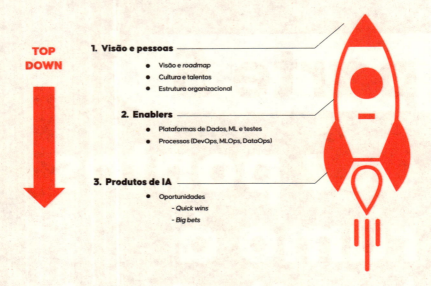

TOP DOWN

1. **Visão e pessoas**
   - Visão e roadmap
   - Cultura e talentos
   - Estrutura organizacional

2. **Enablers**
   - Plataformas de Dados, ML e testes
   - Processos (DevOps, MLOps, DataOps)

3. **Produtos de IA**
   - Oportunidades
     - *Quick wins*
     - *Big bets*

Vamos começar pelo centro de controle, que, na analogia, é onde estão as lideranças da empresa. Os executivos precisam estar alinhados com a visão de longo prazo, sustentada por um modelo de gestão forte, comunicada para os times de maneira simples e inspiracional. Depois, é fundamental que se contratem talentos que sejam realmente os melhores – a diferença de *output* de uma pessoa ótima e uma mediana é brutal. É preciso trabalhar para atrair e reter esses talentos dentro da empresa.

Aqui cabe um parêntese: no caso do iFood, a inspiração e força motriz foi Fabricio, que fundou a Movile e comprou o iFood quando a empresa ainda

Dez pontos rumo à inteligência artificial

era uma startup "de garagem". Fabricio desempenhou o papel do visionário capaz de estabelecer uma diretriz clara e inspiradora para os *foodlovers*, definindo metas ambiciosas e identificando oportunidades de impacto e crescimento. Ele tem uma capacidade singular de antecipar tendências, identificar lacunas no mercado e moldar a direção estratégica da empresa para aproveitar essas oportunidades. Quem trabalha com Fabricio sabe o nível de dedicação que ele emprega no estímulo de uma cultura de inovação e criatividade, encorajando a experimentação, o pensamento disruptivo e a busca por soluções diferentes, sem perder o equilíbrio do crescimento sustentável. E isso só é possível atraindo e retendo talentos excepcionais.

No final, Fabricio nos faz acreditar no seu "campo de realidade distorcida", expressão que ficou famosa após um dos executivos da Apple usá-la para descrever a capacidade de Steve Jobs de enxergar além dos limites da época e sua influência nos desenvolvedores que trabalharam no projeto Macintosh. (A expressão famosa veio da série *Star Trek*, no episódio *The Menagerie*, quando foi usada para descrever como alguns alienígenas criavam o próprio novo mundo apenas com a força da mente.)

O iFood nasceu em 2011 por iniciativa de cinco cofundadores a partir de outra empresa de entregas. Fabricio se juntou ao time mais tarde, em 2013, liderando uma rodada de investimentos de 5 milhões de reais. Naquela época, a empresa cabia em uma pequena sala, e ele se tornou presidente do conselho e seu principal sócio, definindo a cultura e a visão da nova companhia. Posteriormente, assumiu a presidência e foi fazendo fusões que trouxeram Carlos Moyses, do Restaurante Web, e Roberto Gandolfo, um dos *co-founders* do hellofood.

Desde que adquiriu a empresa, Fabricio estabeleceu o potencial do iFood de causar impacto significativo no seu setor e na sociedade. O impacto de construir "um novo iFood" acabou transformando Fabricio em um *late co-founder*, termo usado para descrever a pessoa que se junta a uma startup como cofundador em uma fase posterior de sua existência. Embora os *late co-founders* possam não ter participado da concepção inicial da empresa, seu envolvimento é crucial para seu crescimento e sucesso contínuo. Outro exemplo de *late co-founder* é Elon Musk, que chegou à Tesla cerca de um ano após a fundação, mas foi fundamental para o processo de cultura e crescimento da companhia. A Tesla foi fundada em 2003, mas Elon Musk só entrou na história em 2004, quando liderou uma rodada de investimentos e ficou responsável pelo board da empresa.

De volta ao topo do foguete, no centro de controle, um terceiro ponto ainda é fundamental: elaborar um plano de treinamento para fazer a

O cientista e o executivo

evolução digital acontecer. As lideranças passaram a ser demandadas a tomar decisões levando em consideração os produtos de dados, coisa que não se exigia delas no passado. No caso do iFood, isso aconteceu com um processo que resultou na certificação BADHU, maneira encontrada para criar uma porta de entrada factível e acessível para qualquer pessoa entender, usar e operar *data*, processo que precisa ser contínuo, porque estamos falando de tecnologias novas, que estão sendo lançadas no mercado o tempo todo e são desenvolvidas internamente, em paralelo. O iFood tem ainda as Quartas de Desenvolvimento, inspiradas no Projeto 300. Uma vantagem adicional dessa postura é que as pessoas gostam da cultura de estudo constante e a tratam como um benefício a mais.

No miolo do foguete, a conta do combustível. A analogia é simples: se o investimento em *enablers* é menor que o necessário, a empresa não chega aonde quer; se é maior, não consegue voar, ficando pesada e lenta. A plataforma de dados é o pré-requisito para entrar na brincadeira, e ela tem de sair do *back office*, tem de entregar valor na ponta. Um exemplo bem simples: se o tempo para entrega de um relatório é de dois dias, só se pode tomar uma decisão de negócio a cada dois dias; mas, se esse tempo cai para um dia, efetivamente se dobra a capacidade de tomar decisões. A velocidade e a qualidade dos dados estão diretamente relacionadas com a velocidade e a qualidade das decisões dentro da empresa. Tudo precisa estar afinado com os objetivos estratégicos e também com o cuidado necessário com as informações dos usuários. É preciso respeitar a privacidade das pessoas e remover vieses dos modelos, inserindo uma preocupação ética nesse contexto.

Outro ponto extremamente importante é a robustez da plataforma de IA. Muitas empresas contratam um modelo, mas não conseguem escalá-lo, fazê-lo funcionar no tamanho delas. O iFood entrega 1 bilhão de pedidos ao ano em 1,7 mil cidades, para 50 milhões de consumidores, concentrados no almoço e no jantar, com variações no fim de semana, ou em um fim de semana com chuva. É imprescindível ter uma plataforma que consiga suportar toda essa carga de clientes acessando o aplicativo e também a quantidade de modelos no ar, conforme se avança na digitalização.

Além disso, é necessário criar condições para que o monitoramento dos dados ocorra. Muitas empresas acabam deixando esse item de lado no processo, mas é sábio começar de trás para frente: monitorar e depois construir o produto, para sempre garantir o resultado que se quer. Não basta colocar um modelo de IA no ar sem garantir a sua sustentabilidade. Modelos falham, entre outras razões, porque não conseguem acompanhar a realidade. Quando o

Dez pontos rumo à inteligência artificial

iFood tinha 1 milhão de pedidos de delivery de comida, era um tipo de cliente, um tipo de comportamento; quando passou a ter 1 bilhão por ano, com mercado, pet shop e farmácia, teve de se adaptar a outro cliente, outro comportamento. Os modelos de antigamente não funcionavam mais.

Por fim, temos a cauda do foguete, que é a parte mais legal, a que explode e pega fogo chamando a atenção de todo mundo. São os produtos de IA. Aqui, é preciso ter foco em trazer resultados no *bottom line* da empresa, promovendo *quick wins* para gerar engajamento. Em uma cultura voltada para resultados, todos devem estar comprometidos e envolvidos na entrega, e cada cientista deve colocar sua pele em jogo, sendo responsável não apenas pelo desenvolvimento técnico, mas também pelo negócio – já falamos sobre isso, é o *skin in the game*. É preciso criar maneiras de monitorar essas entregas e gerar resultado o mais rápido possível, porque é isso que leva ao crescimento – e é o que vai garantir a continuidade dos investimentos para desenvolver mais e mais produtos de IA.

A imagem do foguete que mostramos traz ainda uma seta para baixo. É bastante comum as empresas começarem de maneira desestruturada, tentando encaixar projetos geniais no meio ou contratando terceiros – uma versão do cada um por si, cada um tentando tocar seus projetinhos. Não funciona. Sem uma visão global da empresa, sem que IA seja integrada à engrenagem – com a visão e a liderança do CEO – e se espalhe por todos os departamentos, o impacto fica muito limitado e raramente justifica os investimentos feitos. Gasta-se muito, durante muito tempo, e o resultado não representa uma evolução para a organização.

Uma maneira mais sistemática de apresentar esse arcabouço conceitual pode ser vista a seguir, em dez pontos:

A ROTA EM 10 PONTOS

1	VISÃO		**6**	IA COMO ENGRENAGEM
2	LIDERANÇA		**7**	SKIN IN THE GAME
3	VELOCIDADE		**8**	BRILLIANT BASICS
4	TALENTOS		**9**	MINDSET SHIPPADOR
5	AI TRANSLATORS E BADHUS		**10**	RESULTADO TRANSFORMADOR

O cientista e o executivo

PONTO 1 – VISÃO

Crie uma visão de longo prazo sustentada em um modelo de gestão forte e comunique isso para o time inteiro de maneira simples e inspiracional.

Contexto: O ser humano não trabalha sem perspectiva. Visão é dar às pessoas uma perspectiva muito clara para que busquem caminhos, e não lhes dar um caminho especificamente. Antes de tudo, é uma ferramenta que permite a elas tangibilizar por que estão fazendo determinadas coisas hoje e por que devem se dispor a fazer outras amanhã. Desenhe uma visão simples, porém grande, que inspire o grupo.

- Alinhe a liderança em torno dessa visão e a prepare para atuar em todas as frentes.
- Não basta criar uma visão, é preciso comunicá-la intensa e consistentemente. Seja implacável nisso.
- O melhor teste para saber se está funcionando é ouvir a mesma descrição de visão repetida por uma pessoa longe do centro de influência das lideranças seniores da empresa.
- A chave para o alinhamento está no modelo de gestão e nas metas.

PONTO 2 – LIDERANÇA

Traga lideranças claras, com autoridade, que representem os elementos da cultura. Elas precisam repetir e propagar a visão nos quatro cantos da organização. Liderança não é sobre unanimidade.

Contexto: No caso de IA, uma mudança sistêmica exige disrupção em diversos níveis, uma remodelagem completa de processos e competências das pessoas, bem como paciência e perseverança diante das incertezas que traz. Falhar em IA significa ficar parado em soluções pequenas e marginais dentro da organização.

- Liderança tem a ver com pessoas capazes de se movimentar na direção correta e levar todos nesse caminho. Se a mensagem esfriar, o pessoal retorna aos padrões antigos, e o projeto de mudança perde força.
- Liderança tem a ver com entender a cultura e o modelo de gestão, saber o porquê das coisas e comunicar isso muito bem.

Dez pontos rumo à inteligência artificial

- O papel do líder é dar exemplos, preparando-se tecnicamente e crescendo antes do time.
- O líder deve primeiro pegar na mão e depois desafiar o grupo intensamente. Se não houver liderança para fazer a disrupção, é melhor nem começar.

PONTO 3 – VELOCIDADE
Encontre resultados rápidos (*quick wins*), entregue-os e comunique cada um incessantemente para a empresa.

Contexto: É extremamente importante para o time de IA se plugar no time de negócios, obter recursos e entregar algo rápido. Se isso não acontecer, será abandonado no meio do caminho. Quanto mais dados eu tenho, melhor eu sou. Quanto mais rápido eu sou, melhor eu me torno.

- A entrega de valor com IA é diferente da construção de software tradicional e criação de processos. Ela é evolutiva, incremental e aleatória. Girar a roda rápido é fundamental para empilhar os resultados e mitigar os riscos.
- Resultados rápidos são importantes porque tangibilizam a visão no curto prazo. É difícil acreditar naquilo que está muito distante.
- Quando se olha para o que é facilmente realizável e possível de transformar, fica mais fácil mostrar que dá para ir mais longe.
- Resultados ágeis permitem uma virada na crença das pessoas.
- A construção de IA raramente respeita anos fiscais, ciclos, bimestres, trimestres e planejamentos. Mover-se é a maneira de se alinhar com o modo como os negócios são geridos.

PONTO 4 – TALENTOS
A empresa pode ter o plano que for, mas vai falhar feio se não tiver os talentos necessários para impulsionar suas iniciativas. Talentos devem ganhar o que merecem. Deixe a mesquinharia de lado.

Contexto: Em IA, o sonho ainda é trazer o *ten-x engineer*, o profissional que vale por dez. A questão é como fazer isso. Portanto, vale a pergunta: quais são os nossos diferenciais? Por que alguém realmente bom trabalharia em nossa empresa? O que ela tem que as outras não têm? Se os cientistas de dados não forem desafiados cotidianamente e valorizados por isso, vão embora.

O cientista e o executivo

- A partir de uma nova visão, a empresa requer um novo conceito de profissional.

- Mais importante do que ter currículo é ter talento, ou seja, ser capaz de executar e entregar.

- No mercado de IA, um currículo fica desatualizado mais rápido do que o tempo que se leva para tirar um PhD. Trabalhar em uma empresa parada no tempo é jogar a evolução profissional no lixo.

- Pessoas talentosas também precisam de *guidance* para saber o que devem fazer, mas rapidamente compreendem a cultura e trabalham a favor dela. Vivem com menos medo, e isso lhes permite gerar resultados incríveis.

- As empresas que atraem os melhores valem muito mais do que as outras. O ótimo candidato sempre pode escolher.

PONTO 5 – AI TRANSLATORS E BADHUS

Crie uma empresa de *Business Analyst Heavy Data Users*. Faça o *upskilling* e *reskilling* dos talentos internos continuamente. Demita quem não estiver disposto ao *up* e ao *reskilling*.

Contexto: A certificação BADHU é uma maneira de criar uma porta de entrada factível e acessível para qualquer pessoa entender e usar *data*. BADHU tem a ver com estimular um movimento orgânico em vez de dar uma ordem. Tem a ver com fazer a coletividade caminhar em direção à visão usando seus talentos.

- Quer uma liderança alinhada em torno de uma visão, com os melhores talentos andando com velocidade? Esses times precisam de **autonomia**. A certificação BADHU é a maneira para dar autonomia de ponta a ponta e em todos os cantos da empresa, para que peguem dados de que precisam, façam suas análises e tomem decisões rapidamente.

- Promova um ambiente em que todo mundo é treinado para usar as ferramentas de IA. Ensine as habilidades e o modo de pensar necessários para tomar decisões em um mundo transformado por IA. Faça isso de modo contínuo.

- Treine a liderança primeiro, para que ela possa exercer seu papel fundamental de impulsionar o restante. Os executivos

Dez pontos rumo à inteligência artificial

devem entender o que significa ter IA, o que esperar dela, como contratar profissionais, como administrar um time e como gerir produtos nessa nova cultura.

PONTO 6 – IA COMO ENGRENAGEM

Insira IA no modelo de negócio, descentralizando dados em toda a empresa. Ao incorporar IA nas engrenagens da empresa, você criará vantagem competitiva e, então, vai entender o valor da disrupção e da descentralização organizacional.

Contexto: Um erro comum é criar um centro de excelência que receba as demandas da empresa inteira e trate cada uma delas. A empresa precisa não só do time de engenharia, para desenvolver um novo modelo de predição, como também de todos outros times, para tomar decisões. Sozinhas, as previsões não servem para nada. Por isso, os times de IA devem tocar os modelos e gerar valor com o pessoal de negócios.

- Um ativo desenvolvido internamente, de maneira proprietária e de difícil replicação pela competição é o único modo de levar o cliente a pagar mais pelo que a empresa vende.
- IA é uma ferramenta para construir esse diferencial, mas, para ser efetiva, deve ser uma engrenagem do negócio, permeando todo ele. Precisa tornar único o modelo de negócio e fazê-lo crescer e ser mais rápido e mais rentável.
- IA não pode ser apartada e cuidar de projetos separadamente. Os cientistas têm de estar dentro dos times, e os times têm de ir se tornando times de IA.

PONTO 7 – *SKIN IN THE GAME*

Em uma cultura voltada para resultados, todos devem estar comprometidos e envolvidos na entrega. A melhor maneira de ter resultados é alinhar interesses. Isso significa compartilhar o valor que o acionista recebe via *equity*, sem mesquinharia.

Contexto: *Skin in the game* é uma maneira de alinhar interesses. Significa ter a pele em jogo. Quando se tem algo a perder, o comportamento é diferente. Quem cria precisa se sentir dono. As pessoas precisam se sentir donas. Gere muito valor e divida-o com todos os seus sócios.

O cientista e o executivo

- O cientista de dados e o BADHU não podem jogar o insight por cima do muro para que um time tome a decisão. É bem comum eles se preocuparem mais com a tecnologia do que com o resultado.

- Cientistas e analistas de dados adoram uma *buzzword* de IA. Boa parte do tempo, a quantidade de buzzwords em uma apresentação feita por eles é inversamente proporcional ao valor gerado.

- É bem comum também cientistas e analistas de dados gerarem insights que não servem para nada. O caminho é dar autonomia para os profissionais de IA irem de ponta a ponta na construção das soluções, mas cobrar resultados intensamente, tanto deles como dos times que trabalham com IA nos projetos.

- Na prática, não se quer saber o que o cientista de dados ou o BADHU faz, nem os algoritmos que usam, só interessa o resultado que obtém. Para isso, é preciso ligar tanto os feedbacks como a avaliação de performance e a ascensão na carreira ao impacto gerado pelos modelos de IA no negócio.

PONTO 8 – DADOS: *FROM BRILLIANT BASICS TO AWESOMENESS*

É importante querer a grandiosidade rapidamente, mas não se pode abrir mão dos fundamentos. O desafio é criar uma estratégia ambidestra o suficiente para priorizar os dois.

Contexto: É impossível ter uma empresa movida a inteligência artificial sem *brilliant basics*, os fundamentos que fazem toda a diferença. A razão é muito simples: se a informação é o óleo de toda essa geração de energia, é preciso ter toda a informação possível e muito bem estruturada.

- É fundamental organizar, agrupar, padronizar a informação em termos de linguagem e torná-la acessível e segura para a empresa inteira. Toda vez que a organização falha no *brilliant basics*, na prática, é como se reduzisse seu potencial de combustão. Nunca renuncie a uma ótima arquitetura e não se importe em começar precariamente, desde que termine de maneira grandiosa.

- O *brilliant basics* se mistura um pouco com as dores de crescimento. É preciso trocar o pneu com o carro andando. Dados

Dez pontos rumo à inteligência artificial

são o combustível para tudo funcionar. Sem eles, nada faz sentido. E a velocidade para obtê-los faz toda a diferença.

- Quanto mais se investe em plataforma de dados, em plataforma de IA, menores serão os custos de previsão no futuro. Quanto mais rápido a empresa puser uma solução no ar, menor o tempo para trazer valor para o negócio e ver sua transformação. É a roda dos dados girando velozmente que garante grandes vantagens para quem faz primeiro.

- Não dá para hesitar em investir pesado na construção de uma plataforma de dados robusta. Relegar esse ponto vai custar caro depois.

- Nunca se esqueça de fazer uma abordagem ética e imparcial em relação ao uso e tratamento de dados. Garantir a equidade (*fairness*) e minimizar vieses (*bias*) é essencial para evitar discriminação e decisões injustas na tomada de decisões baseadas em *data*.

PONTO 9 – MINDSET *SHIPPADOR*

Não existe um único tiro para conseguir resolver tudo. É com entregas constantes ao longo do tempo, que, incrementalmente, se alcança um resultado brilhante.

Contexto: A capacidade de entrega muito rápida e constante cria vantagem competitiva ao longo do tempo. É de extrema importância o mindset *shippador* para que não se caia na lógica de laboratório, na lógica da ciência, e sim na lógica da entrega. Se estamos falando de uma empresa que trabalha por uma visão, e essa visão é a soma constante de entregas como blocos que vão sendo empilhados, é preciso entregar muito e melhorar o tempo todo.

- *Shipping to production*, em tradução literal, significa "envio para produção". O time precisa entregar muito rápido, muito rápido mesmo. Testar, validar, jogar fora o que não deu certo e tentar de novo.

- Não se deve esperar que as soluções deem um resultado grande de primeira. Pode acontecer, mas é exceção. Geralmente as primeiras soluções de IA são até inferiores à solução que a empresa já tem, até que se chegue a um modelo cuja performance ultrapasse o *benchmark*.

O cientista e o executivo

- Para que funcione, dê autonomia ao pessoal, mas fique atento à cobrança de resultados. Metas agressivas ajudam. E seja intolerante com firulas. O time tem de saber que o importante é gerar resultados. Estimule pequenos passos constantes, não balas de prata.

PONTO 10 – RESULTADO TRANSFORMADOR
Tudo depende de como você gera uma primeira percepção e como continua a partir dela, entregando resultados transformacionais.

Contexto: O processo para fazer a disrupção toma tempo da agenda corporativa e envolve muito investimento financeiro, além da contratação de pessoas e de uma completa reengenharia da arquitetura de dados da empresa. Exige rigor!

- Mensure o impacto de maneira tangível e faça cada área ser responsável por suas entregas. A empresa precisa ser outra em três anos ou todo o investimento não valerá a pena.
- Uma transformação dessas dá muito trabalho, custa caro e impacta muitas pessoas, que são obrigadas a estudar, a reaprender a trabalhar e a aceitar ter o seu poder diluído. A cobrança para IA é inevitável. Gerar resultados nesse cenário é desafiador. A hora de fazer o trabalho legal eventualmente chega, mas demanda tempo.
- Escolha com calma os primeiros desafios a enfrentar. Os muito superficiais, muito difíceis ou selecionados com base na urgência do momento diminuem consideravelmente as possibilidades de sucesso. Invista nos que equacionem as dores do negócio e naqueles em que as chances de conseguir resolver o problema sejam reais. Assim se ganham apoiadores. E eles ajudam a propagar e perpetuar a cultura de dados da empresa.

Infinitas possibilidades

Embora esses pontos sejam fundamentais para a evolução digital de uma empresa, em nome da verdade, precisamos destacar que a jornada é sempre muito mais complexa do que uma lista de dez passos. No dia a dia, eles não são lineares, não dão certo o tempo todo, implicam derrubar barreiras para que sejam concretizados, por isso os dez passos não

Dez pontos rumo à inteligência artificial

aparecem literalmente na história que relatamos neste livro. Estão presentes em cada decisão tomada, em cada erro ou acerto, e devem ser encarados como valores que nos guiaram na construção do caminho. Servem de referência para aqueles que querem embarcar neste admirável mundo novo e participar de avanços que, em um aspecto mais amplo, refletem a nossa própria evolução como espécie.

A inteligência humana foi a responsável pelo que criamos até aqui. O que a inteligência artificial nos oferece é a oportunidade de aumentar de maneira significativa o alcance das nossas próprias faculdades. Não é coisa de ficção científica. Já faz muito tempo que a IA está presente em nossas vidas, por exemplo, por meio de sistemas de controle de computador. Os modelos de linguagem como o ChatGPT apenas trouxeram essa onipresença para mais perto de nós.

E ela continuará a se expandir rapidamente. A IA impulsiona a produtividade econômica, o desenvolvimento científico e tecnológico e a criatividade. Profissionais de várias extrações terão assistentes para ampliar suas capacidades.

No setor da alimentação, por exemplo, cada pessoa terá ajuda na palma da mão para maximizar o cuidado com a saúde. Com a linguagem natural, a IA tem potencial de humanizar uma prática, oferecendo suporte emocional em desafios como manter a rotina de uma dieta saudável. Avanços que serão acompanhados nas áreas de medicina e de prevenção de acidentes, indicando o caminho para uma vida melhor e mais longeva. São inúmeras as possibilidades que se apresentam, e o desenvolvimento não deve ser temido, mas, sim, encarado como uma obrigação moral para nosso benefício.

Grandes empresas de IA devem ser incentivadas a avançar com velocidade, e o código aberto também deve ser estimulado, sem barreiras, para permitir amplo acesso ao conhecimento de IA. Para mitigar riscos, os governos precisam trabalhar em parceria com o setor privado, em um esforço conjunto capaz de resolver problemas globais. No fim da jornada, sempre estará a construção de um mundo melhor para todos e a chance de o Brasil abrir uma nova janela geradora de oportunidades e renda, talvez mudando nossa história de uma vez por todas.

gloss

Ad hoc: expressão em latim que significa "para isto" ou "para este propósito" e é usada para descrever algo que é criado para uma finalidade ou situação particular, sem seguir um plano ou uma estrutura predefinida.

Advanced analytics: É uma área de análise de dados que se baseia no uso de técnicas e algoritmos mais sofisticados e complexos para extrair insights, padrões e conhecimentos mais profundos a partir de grandes conjuntos de dados.

Back office: termo utilizado para se referir às atividades de suporte e administração que acontecem nos bastidores de uma empresa ou organização.

Baseline: literalmente, significa "linha de base", mas pode ser traduzida como "referência", para indicar um ponto inicial a partir do qual se fazem comparações, análises ou medições.

Bias: refere-se a um viés que pode ser introduzido em modelos de IA durante o seu treinamento. Esse viés pode influenciar as previsões ou decisões do modelo de maneira injusta ou imprecisa, resultando em discriminação ou resultados indesejados.

Board: é o conselho de administração, também conhecido como conselho de diretores, órgão crucial de governança corporativa que representa os interesses dos acionistas e tem a responsabilidade de supervisionar as atividades e tomadas de decisão da empresa.

Bonds: títulos de renda fixa (de empresas ou governos) negociados no exterior.

Bot: programa de computador que realiza tarefas automatizadas, simulando ações humanas. O termo *bot* é uma abreviação de *robot* (robô em inglês) e é frequentemente usado para se referir a softwares que executam tarefas repetitivas e predefinidas.

Bottom line: é um termo usado no contexto empresarial e financeiro para se referir ao resultado líquido de uma empresa, indicando o ganho ou prejuízo final de uma organização durante determinado período.

Brilliant basics: é uma expressão em inglês que, literalmente, significa "fundamentos brilhantes" e serve para expressar a importância de acertar os elementos básicos de uma empresa, garantindo que as operações essenciais sejam de alta qualidade e eficiência.

Business intelligence e analytics: são duas abordagens complementares para o uso de dados em uma organização. A inteligência de negócios (*business intelligence*) fornece informações essenciais para monitoramento e relatórios, enquanto a análise de negócios (*business analytics*) agrega valor ao explorar padrões e tendências, possibilitando uma tomada de decisão mais eficaz e orientada por dados. Ambas são fundamentais para aprimorar a eficiência, a competitividade e a estratégia geral de uma empresa.

Business unit: um segmento de uma empresa, geralmente organizado em torno de uma linha de produtos, serviços ou mercados específicos.

Buzzwords: são termos ou palavras da moda que se tornam populares e amplamente usados em determinado contexto.

Chatbot: é um programa de computador que utiliza técnicas de inteligência artificial e processamento de linguagem natural para interpretar as perguntas ou mensagens e fornecer respostas adequadas.

Chief Data Officer: executivo de alto escalão responsável por liderar a gestão estratégica dos dados em uma organização.

Chief Technology Officer (CTO): executivo de alto escalão que lidera e gerencia a estratégia tecnológica de uma empresa.

Cluster: em computação, um *cluster* é um conjunto de computadores ou servidores interconectados que trabalham juntos como um sistema único coeso. Essa configuração é frequentemente usada para aumentar o desempenho de serviços em comparação com um único computador.

O cientista e o executivo

Corpora: é o plural de *corpus*, em latim, e designa um conjunto de dados linguísticos.

Cross: ou "equipes *cross*" são grupos de profissionais formados por membros de diferentes áreas funcionais e departamentos da empresa.

Customer relationship management (CRM): ou "gestão de relacionamento com o cliente" é um conjunto de práticas, tecnologias e processos usados pelas empresas para gerenciar e melhorar o relacionamento com seus clientes.

Dashboards: são painéis que, no contexto do iFood, permitem a visualização de indicadores de desempenho da empresa.

Data-driven: literalmente, significa "orientado por dados" e se refere a empresas que priorizam a coleta sistemática de dados relevantes de várias fontes para tomar decisões.

Data Protection Officer: é o profissional responsável por garantir que uma organização cumpra as leis de privacidade e regulamentos de proteção de dados.

Data room: "sala de dados" em português, designa um ambiente virtual seguro, usado para armazenar e compartilhar informações e documentos, garantindo o controle de acesso e a confidencialidade das informações compartilhadas.

Datasets: significam, literalmente, "conjuntos de dados", de informações, geralmente organizados em formato tabular, que são usados como entrada para análise, modelagem, treinamento de algoritmos de aprendizado de máquina e outras tarefas de processamento de dados.

Deep dive: significa "imersão" e é uma expressão comumente utilizada para descrever uma investigação minuciosa sobre determinado assunto.

Early adopters: expressão usada para designar os primeiros indivíduos ou grupos que experimentam e adotam uma nova tecnologia, produto ou serviço, com riscos ainda não amplamente mapeados.

ERP (Enterprise Resource Planning): literalmente "planejamento dos recursos da empresa", é um software de gestão que serve para automatizar processos manuais, armazenar dados e unificar a visualização de resultados.

Face the brutal facts: significa "encare os fatos brutais" e é uma expressão empregada para descrever a situação em que é necessário lidar com a frustração de a realidade não corresponder ao desejado ou planejado.

Fairness: no contexto da inteligência artificial e aprendizado de máquina, a noção de *fairness* (equidade) é importante para garantir que os algoritmos e modelos não reproduzam ou reforcem discriminações e desigualdades existentes, assegurando a imparcialidade nas decisões tomadas por esses sistemas.

Fallback: significa "alternativa" ou "plano de contingência" e, no contexto de tecnologia e sistemas, é frequentemente usado para se referir a uma estratégia secundária ou um plano alternativo que é acionado quando o plano principal não pode ser executado ou não é bem-sucedido.

Feature: em tecnologia, é uma palavra que pode ser traduzida como "característica" ou "recurso". No contexto de análise de dados e aprendizado de máquina, um recurso é uma variável ou medida usada para descrever ou representar uma entidade ou um

Glossário

objeto de interesse. Em outras palavras, é uma informação específica que é coletada ou medida sobre uma observação ou objeto em um conjunto de dados.

Finance Digital Evolution: processo de transformação do setor financeiro impulsionada pelo avanço da tecnologia digital, com automatização de tarefas e operações por sistemas de TI e a consequente redução ou eliminação de processos manuais.

Flywheel de dados: expressão que pode ser entendida como um processo contínuo e cíclico no qual os dados são coletados, analisados e utilizados para impulsionar melhorias em um sistema, aplicação ou processo.

Foundational: no contexto da tecnologia, a palavra pode ser entendida como algo que é essencial, fundamental ou que serve como a base sólida para um sistema, uma plataforma, um conceito ou uma tecnologia mais ampla. Designa o conjunto de elementos essenciais e fundamentais que sustentam todo o resto.

Framework: um *framework* é uma estrutura ou um arcabouço. Quando se refere a dados, é uma estrutura ou um conjunto de ferramentas, bibliotecas e padrões que fornecem uma base para o gerenciamento, a organização e a manutenção de dados em uma aplicação ou sistema.

Groceries: literalmente, significa "mantimentos" ou "mercearia", mas pode ser traduzido, no contexto do iFood, por "mercados".

Guidance: em português, é "direcionamento". No contexto organizacional, refere-se ao ato de fornecer diretrizes para ajudar a tomar decisões de modo mais assertivo.

Hype: descreve um estado de excitação em torno de um evento ou lançamento muito aguardado.

IPO (Initial Public Offering): em português, a sigla significa "oferta pública inicial" e designa o processo em que uma empresa abre seu capital e passa a ter ações negociadas em bolsa de valores.

Literature review: é a análise crítica e detalhada de pesquisas e estudos publicados sobre um determinado tópico ou área de interesse a fim de identificar, avaliar e sintetizar o conhecimento existente sobre o assunto.

M&As (Mergers and Acquisitions): "fusões e aquisições" em português, são as operações societárias mais comuns entre empresas no mercado.

Managing partner: é o sócio-administrador, ou seja, o responsável pelas decisões estratégicas e gerenciais que garantem o sucesso e o crescimento do negócio.

Meet-up: evento informal que reúne pessoas com interesses comuns a fim de criar laços profissionais e possibilitar uma intensa troca de experiências.

Middle management: nome que se dá ao nível intermediário de gerência, ocupado por profissionais que têm a responsabilidade de assegurar a execução das estratégias definidas pela alta administração e supervisionar as equipes operacionais que executam o trabalho.

Mesa de trading: são as mesas de negociação no mercado financeiro.

Multi-armed bandits: em tecnologia, a expressão "bandidos multiarmados" designa maneiras desenvolvidas para otimizar tomadas de decisão em situações nas quais

O cientista e o executivo

existem várias opções ou estratégias disponíveis, e é preciso decidir qual delas escolher para obter o melhor resultado possível.

NPS (Net Promoter Score): métrica usada para medir a satisfação e lealdade dos clientes em relação a uma empresa, produto ou serviço.

Project based learning: ou "aprendizagem baseada em projetos", é uma abordagem educacional que envolve os alunos em atividades do mundo real para que adquiram conhecimentos e habilidades. Em vez de apenas receber informações passivamente, os estudantes são desafiados a aplicar o que aprenderam para resolver problemas reais e realizar projetos concretos.

Problem solving: ou "resolução de problema", é o processo cognitivo e prático de encontrar soluções para desafios, obstáculos ou questões que precisam ser resolvidas.

Product backlog: conceito utilizado no desenvolvimento ágil de software. É formado por uma lista ordenada de todas as funcionalidades, melhorias, correções de *bugs* e outros requisitos que precisam ser incluídos em um produto ou projeto.

Product discovery coach: profissional que atua como orientador especializado em ajudar equipes e organizações a aprimorar suas práticas de "descoberta de produtos". Seu foco está em entender as necessidades do cliente, identificar oportunidades de negócios e validar ideias antes de iniciar o desenvolvimento do produto.

P&L (Profit and Loss): significa "lucros e prejuízos". É um relatório financeiro que mostra o desempenho econômico de uma empresa em um determinado período.

Push notifications: são um modo de comunicação usado para engajar os usuários de um determinado site ou aplicativo, mantendo-os sempre atualizados sobre novos conteúdos.

Queries: comandos ou instruções usados para recuperar, atualizar, inserir ou excluir dados de um banco de dados.

Single thread: literalmente "um único fio", é uma expressão que significa que um sistema rodará apenas uma requisição por vez. Por isso, o tempo de processamento não pode demorar nem ser bloqueador (ficar esperando por informações do banco de dados).

Spin-offs: expressão usada em negócios e economia para nomear o processo de criação de uma nova empresa ou negócio a partir da divisão de uma parte específica dos ativos, das operações ou linhas de negócios da empresa original.

Stakeholders: grupos de pessoas ou organizações que podem ter algum tipo de interesse pelas atividades ou resultados de uma empresa.

Trade-off: nome que se dá a uma decisão que consiste na escolha de uma opção em detrimento de outra.

Trader: no mercado financeiro, é a pessoa que realiza transações na bolsa de valores. *Trader full time* ("em tempo integral") é quem se dedica exclusivamente a essa atividade.

Trading floors: pregões, ou seja, o período diário de negociação de ações entre compradores e vendedores na bolsa.

Trading systems: sistemas de negociação dos mercados financeiros.

Glossário

Upskilling e reskilling: no contexto das mudanças provocadas pela adoção de novas tecnologias, o *upskilling* visa ensinar a um profissional novas competências para otimizar seu desempenho, e o *reskilling*, a ajustá-lo a novos postos e contextos de trabalho.

War room: literalmente, "sala de guerra". No contexto da tecnologia, é a designação um ambiente de trabalho colaborativo em que a equipe se reúne para solucionar problemas, especialmente os que surgem em situações de crise.

Warm-up: ou "aquecimento", é o processo de preparação e aquecimento gradual de um sistema, especialmente servidores e aplicativos, a fim de garantir que esteja funcionando perfeitamente para lidar com a carga de trabalho real.

Este livro foi impresso pela Gráfica Assahi em papel pólen bold 70 g/m² em outubro de 2023.